Bertram Meier

Stallgeruch, nicht Aftershave!

Gedanken zum Priestersein

Bertram Meier

Stallgeruch,
nicht Aftershave!

Gedanken zum Priestersein

Kunstverlag Josef Fink

Vordere Umschlagseite: *Der gute Hirte, Bronzearbeit*
von Georg Hüter im Priesterseminar Würzburg

Bibliografische Information der Deutschen Nationalbibliothek
Die Deutsche Bibliothek verzeichnet diese Publikation in der
Deutschen Nationalbibliografie; detaillierte bibliografische
Daten sind im Internet unter http://dnb.d-nb.de abrufbar.

1. Auflage 2015
Kunstverlag Josef Fink, Lindenberg i. Allgäu
ISBN 978-3-89870-970-5

Fotos: Vordere Umschlagseite: Priesterseminar Würzburg;
S. 24, rückwärtige Umschlagseite: Archiv Prälat Dr. Bertram
Meier, Augsburg; S. 45: Erwin Reiter, Haslach;
S. 95: © 2015 KNA, www.kna-bild.de

Layout: Georg Mader, Weiler im Allgäu
Druck: Holzer Druck und Medien, Weiler im Allgäu

Kunstverlag Josef Fink
Hauptstraße 102 b
88161 Lindenberg i. Allgäu
Telefon (0 83 81) 8 37 21
Telefax (0 83 81) 8 37 49
Internet: www.kunstverlag-fink.de
E-Mail: info@kunstverlag-fink.de

Inhalt

Ein Wort zuvor

Am 10. Oktober 2015 werden es dreißig Jahre, dass ich durch Handauflegung und Gebet von Kardinal Franz König (1905 bis 2004) in der römischen Kirche Sant'Ignazio mit meinen Jahrgangskollegen aus dem Collegium Germanicum et Hungaricum zum Priester geweiht wurde. In drei Jahrzehnten hat sich manches verändert: die Situation der Kirche sowie die pastoralen Voraussetzungen und Herausforderungen ebenso wie ich selbst. Ein runder Jahrestag ist Gelegenheit zum Innehalten. Der vorliegende kleine Band versammelt Beiträge zum Priestersein, die in den vergangenen Jahren zu verschiedenen Anlässen entstanden sind: vorwiegend geistliche Impulse, Vorträge und Predigten. Um die Lebendigkeit zu wahren, habe ich die Texte nur leicht überarbeitet. Aufgrund des literarischen Genus wurde auf einen wissenschaftlichen Apparat bewusst verzichtet.

Was Professor Heinz Schürmann (1913–1999) einst schrieb, mache ich mir gern zu Eigen: „Wir haben unter verschiedenem Aspekt und Namen im Grunde immer das eine und gleiche Thema behandelt: In allen Ansprachen haben wir – immer neu und anders – von der inneren Herzenstat geredet, die all unser Tun beseelen muss. Immer haben wir nur von dem Einen Notwendigen gesprochen: von der dienenden Liebe, welche die Ganzhingabe der Gottesliebe in sich hat und identisch ist mit der Entscheidung für das Kreuz."[1] Nicht umsonst wird dem Wei-

---

[1] Heinz Schürmann, Worte an Mitbrüder. Über geistliches Tun, Einsiedeln 1983, S. 8.

hekandidaten auf den Kopf hin zugesagt: Stelle dein Leben unter das Geheimnis des Kreuzes!
Besonders danke ich Schwester M. Gertrud Himmel CJ, die in bewährter Manier die Texte gründlich gegengelesen und für den Druck vorbereitet hat.

Augsburg, zum 10. Oktober 2015

Bertram Meier

Stallgeruch, nicht Aftershave!

Hirten sind heute selten geworden. Dabei denkt man nicht nur an die Schaf- oder Ziegenhirten, die sich um ihre vierbeinigen Tiere kümmern sollen. Es geht vor allem um konkrete Menschen, die Hirtendienste übernehmen, die durch das Sakrament der Priesterweihe in die Geheimnisse Gottes eingeweiht und für den Dienst an den Menschen ausgeweiht werden. Wieder andere führen zwar den Hirtentitel und lassen sich „Pastor" nennen, aber eigentlich geht es ihnen weniger um die ihnen anvertraute Herde, sondern um sich selbst. Fast zynisch stellte schon Papst Gregor der Große fest: „Die Welt wimmelt von Priestern, aber nur selten sieht man einen Arbeiter in Gottes Ernte." Und ein Zyniker unserer Zeit bemerkt messerscharf: „Es gibt heute zwei Arten von Hirten: Die einen interessieren sich für die Wolle, die anderen interessieren sich für das Fleisch. Für die Schafe interessiert sich niemand."

Ohne Zweifel ein hartes Wort. Doch der „Stallgeruch" unserer Gesellschaft gibt dem Kritiker recht. Hirten dieser Art gibt es genug. Sie spekulieren auf Wolle und Fleisch. Was sie interessiert, ist der Nutzwert, der Ertrag. Die Leistung zählt. Der Mensch wird „taxiert", was schon im Reagenzglas beginnt. Er ist das, was er einmal leisten wird. Je mehr er einmal auf die Bank bringt, desto höher steigt sein Marktwert. Wer nichts mehr leistet, wird zum alten Eisen geworfen. „Die einen interessieren sich für die Wolle, die anderen interessieren sich für das Fleisch. Für die Schafe interessiert sich niemand". Doch wir wollen nicht nur über die Gesellschaft schimpfen, sondern auch auf die Kirche schauen. Jesus sagt ihr das schöne Wort zu: „Ich bin der gute Hirt. Ich kenne die Meinen, und die Meinen kennen mich". Mit dem Bild vom guten Hirten hat Jesus eine tiefe Sehnsucht des antiken Menschen angesprochen. Die Juden sahen in Gott den wahren Hirten, der sein Volk leitet. In seinem Auftrag war Mose der Hirt und Führer seines Volkes.

Auch bei den Griechen war das Motiv des Hirten beliebt: Gern hat man ihn sich in einem großen Garten vorgestellt, ein Schaf auf seinen Schultern. Der Garten sollte an das Paradies erinnern. So verbindet sich mit dem Hirten die Sehnsucht nach einer heilen Welt. Die frühen Christen haben diese Vision Israels und Griechenlands aufgegriffen und weiterentwickelt, indem sie auf Christus blickten. Jesus verwirklicht die Bilder des Heils, die in der Seele der Menschen schlummern, so auch das Wort: „Ich bin der gute Hirt. Ich kenne die Meinen, und die Meinen kennen mich". Am Maßstab des guten Hirten werden auch die Hirten von heute gemessen, besonders die Priester.

So stoßen wir auf eine Eigenschaft, die einen Hirten nach dem Herzen Gottes auszeichnet. Es ist das Wissen umeinander, die Kenntnis voneinander, die Zuneigung füreinander, kurz: die Vertrautheit, die zwischen Hirt und Herde herrscht. Jesus nimmt jeden Jünger und jede Jüngerin persönlich. Jeder einzelne ist ihm wichtig. Jeden kennt und nennt er mit Namen, nicht als

Nummer. In der Heiligen Schrift haben „kennen" und „lieben" oft den gleichen Sinn. Also dürfen wir das Verhältnis zwischen dem Hirten und seinen Schafen ohne Weiteres als intime Beziehung deuten. Der Hirt kennt seine Schafe nicht nur aus der Pfarrkartei oder (in der modernen Version) nach der Computerdatei, sondern persönlich: er hat sie gern, er liebt sie. Doch weder Zettelkästen noch Monitore strahlen Liebe aus. Deshalb muss der Priester von heute ein Mensch aus Fleisch und Blut sein– sowohl ein menschlicher Geistlicher als auch ein geistlicher Mensch, ein Mann, der etwas ausstrahlt von der zärtlichen Liebe Gottes.

Das erinnert an die Gestalt des Orpheus, der durch seine Lieder die Menschen verzauberte. Seit jeher sind es Liebeslieder, die dem Orpheus in den Mund gelegt werden. Hirten gelten als Sänger der Liebe, gleichsam als Minnesänger von Gottes Menschenfreundlichkeit. Wie heilsam, wenn in unseren Kirchen wieder mehr von der Zuneigung gesungen würde, die Gott für uns Menschen hegt! Wie segensreich, wenn unsere Hirten weniger Klagepsalmen auf den Zustand ihrer Herden anstimmen und stattdessen die Melodie von der Liebe Gottes aufnehmen würden! Was käme da nicht alles in Bewegung! Wir brauchen einen Wechsel der Tonart in der Kirche: von Moll zu Dur, vom adagio zum allegro, vom schüchternen pianissimo zum forte, das der Kraft des Evangeliums entspricht.

Papst Franziskus hat bei der Chrisammesse 2013 im Petersdom ein Bild gebraucht, das sinnlich ist: Von der Akustik wechselte er in den Geruchssinn, als er die Hirten von heute an den „Stallgeruch der Herde" erinnerte. Die Ermutigung an die Priester, aus sich herauszugehen bis an die (existentiellen) „Randgebiete", verband er mit der Mahnung, nicht um sich selbst zu kreisen und sich „selber in Duft zu hüllen". Traurige Hirten helfen der Herde nicht. Frohe Priester sind „weder Antiquitäten- noch Neuheitensammler", sondern „Hirten mit dem Geruch der Schafe". Der Aufruf des Papstes ist sehr konkret: „Seid Hirten mit dem Geruch der Schafe, dass man ihn riecht – Hirten inmitten ihrer Herde." Also: Stallgeruch ist gefragt, nicht Aftershave!

Der Priester – Hochzeitslader des Herrn[1]

„Selig, die zur Hochzeit des Lammes geladen sind." Es ist kurz nach der Liturgiereform. Der Priester lädt zur Kommunion ein: „Selig, die zur Hochzeit des Lammes geladen sind." Bewusst, gern und aus ganzem Herzen hat Pfarrer Ludwig Epp diese Einladung ausgesprochen. Mir klingen nicht nur seine Worte, sondern auch die Art, sie auszusprechen, noch lebendig im Ohr. Heute vor 50 Jahren hat Ludwig Epp angefangen, zur Hochzeit des Lammes einzuladen. Vielleicht gewagt und doch so wahr: Der Priester – ein Hochzeitslader.

Lieber Ludwig, heute feierst du dein Goldenes Hochzeitsladerjubiläum. Wir freuen uns, dass du uns zu diesem großen Fest geladen hast. Hochzeitslader des Herrn: Das ist mehr als ein Dienstjubiläum, es ist ein Berufungsjubiläum: 50 Jahre Treue, 50 Jahre Erfüllung, mit Leib und Seele ein halbes Jahrhundert Hochzeitslader für den Herrn. Wenn man in einem Lexikon über Brauchtum nachschlägt, dann findet man interessante Beschreibungen dessen, was ein Hochzeitslader ist und tut: „Früher wurden die Einladungen zur Hochzeit mündlich von einem guten Freund des Brautpaares überbracht. In einem festlichen Gewand

---

1 Predigt zum Goldenen Priesterjubiläum meines ehemaligen Heimatpfarrers Ludwig Epp am 3. Juni 2012 in Bayerniederhofen.

und oft auch ausgestattet mit einem Stab ging der Hochzeitslader durch die Gemeinde. Er klopfte an die Haustür und trug ein Gedicht oder ein Lied vor. So überbrachte er den Bewohnern die frohe Kunde, dass sie zur Hochzeit eingeladen sind. Während der Feier selbst half er bei der Organisation und passte auf, dass keiner über die Stränge schlug; er unterhielt die Leute mit Liedern und Versen und sorgte für gute Stimmung." Der Priester – ein Hochzeitslader. Was ist damit gemeint? Zunächst sind im Hochzeitslader viele Tätigkeiten vereint, die auch ein Priester täglich vollzieht: er verkörpert die drei „M".

• Er ist **Manager**, damit es in der Gemeinde rund läuft. Doch Vorsicht: Es geht nicht um Betriebsamkeit, Seelsorge ist kein Betrieb. Vielmehr geht es darum, den Rahmen so zu organisieren, dass die verschiedenen Kreise, Gruppen und Verbände darin leben können. Als er als erster Pfarrer die Gemeinde Maria Himmelfahrt in Kaufering aufbaute, hat Ludwig Epp viel gemanagt im guten Sinn: Oft sprach er von „seiner lebendigen Gemeinde". Das war für ihn nicht nur äußere Struktur, sondern geistliches Leben. Besonders die festliche Feier der Liturgie liegt ihm bis heute besonders am Herzen.

• Er ist **Missionar**, damit sich die Gemeinde nicht in sich selbst verschließt. Die Präsenz der brasilianischen Gäste ist dafür ein sprechendes Zeichen. Mission meint nicht nur den Globus, sondern auch die „innere Mission" der Pfarrei. Wie ein Hochzeitslader, so taucht der Priester persönlich bei den Menschen auf, um sie einzuladen, am Gemeindeleben teilzunehmen. Sein besonderes Augenmerk gilt den Geburtstagskindern und Jubilaren, den Neuzugezogenen und Distanzierten, den Alten und Kranken. Es gab keinen Herz-Jesu-Freitag, an dem Pfarrer Epp nicht seine Runde mit der Krankenkommunion machte. Als er noch jünger war, wusste man: Wenn ein roter Ford-Capri schnittig um die Ecke flitzte, war ein vollbärtiger Priester im Talar unterwegs, um das Kostbarste in die Häuser zu tragen, was die Kirche hat: den Leib Christi, das Brot des Lebens.

- Er ist **Moderator**, damit die Einheit in der Gemeinde gewahrt bleibt: Wie ein guter Hochzeitslader achtet er darauf, dass sich alle wohl fühlen, sodass es in der Pfarrei möglichst keine „Katzentische" gibt für Außenseiter. Nicht umsonst sieht Pfarrer Epp das Priesteramt besonders als „Dienst an der Einheit". Schließlich passt der Hochzeitslader auf, dass alles im Rahmen bleibt, und wenn jemand doch aus dem Rahmen fällt und sich versündigt, dann bietet er ihm Vergebung und Lossprechung an. Ist das nicht ein attraktives Angebot für das Sakrament der Buße, die heilige Beichte! Der Priester ist kein Zahnarzt, der nach Löchern sucht; er ist ein Hochzeitslader für den Herrn.

Über die verschiedenen Tätigkeiten und Fertigkeiten hinaus, die man von einem Hochzeitslader erwartet, ist besonders seine poetische und musikalische Fähigkeit zu nennen: Der Hochzeitslader dichtet „Gstanzerl" und bringt sie in Liedform. So ist auch der Priester als Hochzeitslader ein musikalischer Mensch. Wie ist das zu verstehen?

Zunächst braucht der Priester für sein Leben eine *Melodie*. Mancher singt sie mehr in Dur, ein anderer eher in Moll, je nach Stimmung und Charakter. Wie sehr uns eine Melodie entspricht, erkennen wir auch daran, dass uns bestimmte Melodien nicht zu jeder Zeit möglich sind. Wir sind „heiser", wenn wir einen dicken Hals haben und erkältet sind. Der verstorbene Domkapitular Wolfgang Klieber, lange Jahre Domprediger in Augsburg und am Kehlkopf erkrankt, sagte öfter: „Unser Handwerk als Priester ist das Mundwerk." Gott hat für jeden Menschen ein Lied, eine Melodie, einen Vers, der ihm persönlich zugedacht ist. Für jeden Menschen hätte Gott, wie Teresa von Avila sagt, die ganze Welt geschaffen, um ihm sein Liebeslied vorzusingen. In diese Vorstellung sollten wir uns vertiefen: Ein Leben lang singt Gott mir das Hochzeitslied seiner Liebe vor, und ich bin eingeladen, seine Melodie aufzunehmen und mitzusingen. Der Priester als Hochzeitslader soll uns dabei Hilfe sein: Er muss weder Startenor noch Opernsänger sein, sondern durch sein eigenes Leben zeigen, dass er das Wort des hl. Bischofs Ignatius von Antiochien beherzigt: „Nehmt Gottes Melodie in euch auf!"

Eine weitere Eigenschaft, die der Priester braucht, ist das Gespür für *Rhythmus und Takt*. In der Musik unterscheiden wir zwischen allegro und adagio, zwischen forte und pianissimo. Der Hochzeitslader sorgt dafür, dass die Feier nicht langweilig wird. Auch die Hochzeit kennt bestimmte Rhythmen: Phasen, wo es laut hergeht, wechseln sich ab mit Momenten der Nachdenklichkeit und Besinnlichkeit. Einlagen werden gegeben und Witze gemacht, doch hoffentlich so, dass keiner über die Stränge schlägt, dass es nicht unter die Gürtellinie geht.

Wie beim Hochzeitslader, so beim Priester: Damit der Seelsorger glaubhaft und vertrauenswürdig ist, braucht er Takt. Gerade von einem Priester wird erwartet, dass er ein taktvoller Mensch ist: kein Elefant, der im Porzellanladen der Seele herumtrampelt. Was wir brauchen, sind aufrichtige und reife Persönlichkeiten, die zur Hochzeit des Lammes laden im Wissen darum, dass sie nicht für sich selbst die Werbetrommel rühren, sondern für Jesus Christus, der sich den Menschen antrauen will. Neben dem Takt braucht der Priester einen Rhythmus in seinem täglichen Leben: das Beten mit der Kirche im Brevier, die Feier der hl. Messe als sein „täglich Brot", das ehrliche Zeugnis für den Zölibat, der dann fruchtbar wird, wenn er sich einklinkt in einen gesunden Rhythmus von Nähe und Distanz, von notwendiger Öffentlichkeit und fruchtbarer Einsamkeit.

Wie der Hochzeitslader, so ist auch der Priester ein *symphonischer Mensch*. Er ist kein Alleinunterhalter, sondern muss versuchen, dass bei der Hochzeit möglichst viele mitmachen und beteiligt sind. Damit die Feier gelingt, dürfen sich die Gäste nicht in möglichst viele Nebenzimmer und Separees verziehen. So ist es auch mit einer Pfarrgemeinde: Sie wird erst dann lebendig, wenn die verschiedenen Menschen und Meinungen „konzertieren", d. h. „zusammen-klingen" in einem Konzert verschiedener Interessen und Stimmen. Der schon erwähnte Märtyrerbischof Ignatius von Antiochien führt dazu aus: „Ihr werdet alle zu einem Chor, und in eurer Eintracht und zusammenklingenden Liebe ertönt durch euch das Lied Christi. Das ist das Lied, das Gott, der Vater, hört – und so erkennt er euch als die, die zu Christus gehören."[2] Die Kunst des priesterlichen Hochzeitsladers besteht darin, dass er der Vielfalt der Gäste Raum gibt, die an den Tisch des Herrn geladen sind. Er wird alles tun, um verschiedene Stimmen zusammenzuführen, damit sie einander nicht übertönen, sondern zu einer harmonischen Symphonie werden. Der Priester wird auch ein kommunikativer Mensch

---

2 Brief an die Epheser 4,2.

sein müssen. Oder haben Sie schon einmal einen Hochzeitslader erlebt, der als „Stummerl" auftritt? Zwar muss der Priester zuerst hören, was in der Gemeinde vor sich geht, aber beim Hören allein kann es nicht bleiben: Der Hochzeitslader des Herrn darf sich nicht einschließen in seinem Büro, er muss offensiv sein, hinausgehen in die Häuser und Wohnungen, um einzuladen zur Hochzeit, die Jesus mit den Seinen feiern will.

Ich bin mir bewusst, dass das Lied vieler Priester heute eher in Moll erklingt. Nicht alle Tage ist es uns nach dem *Te Deum* zumute; da stimmen wir lieber Klagepsalmen an. Die einen bringen eher zerquetschte Töne hervor, andere sind verschnupft über die Kirche und ihre Vorgesetzten. Wieder andere intonieren schon einen Trauerchoral oder den Schwanengesang. Doch das hilft nicht weiter. Wir sind nicht im Königlich-Bayerischen Amtsgericht: Dort ist der Totengräber und der Hochzeitslader ein und dieselbe Person. Jesus beruft die Priester nicht als Totengräber der Kirche, sondern als Hochzeitslader zum großen Fest der Eucharistie, das gefeiert wird als Opfer des Kreuzes und als Mahl der Einheit. Wie sagte schon Kardinal Joseph Ratzinger, als er noch Erzbischof von München und Freising war: „Wenn es den Priester noch nicht gäbe, es müsste der erfunden werden, der inmitten der Spezialisierungen der Mensch für den Menschen ist, von Gott her; der für die Kranken und Gesunden, für die Kinder und für die Alten, für den Alltag und für das Fest da ist und das Ganze zusammenhält von Gottes erbarmender Liebe her. Dies ist das eigentlich Schöne, tief Menschliche und zugleich Heilige und Sakramentale am Priester (…), der uns über die Zerspaltung des Lebens zusammenführt in die erbarmende Liebe Gottes, in die Einheit des Leibes Christi hinein."[3]

Darin ist alles enthalten, was du, lieber Ludwig, seit 50 Jahren tust als Hochzeitslader des Herrn. Ich wünsche dir noch viele Jahre in diesem Dienst. Sie, liebe Schwestern und Brüder, bitte ich: Nehmen Sie die Einladung der Priester an! Im Namen Jesu: Selig, die zur Hochzeit des Lammes geladen sind.

---

3 Ordinariatskorrespondenz der Erzdiözese München und Freising vom 6. Juli 1978, Nr. 24.

Eucharistisch Priester sein[1]

„Wir können nicht auf unsere Versammlungen am Sonntag ver-
zichten. Wir können nicht ohne das Mahl des Herrn leben."[2] Dieses Bekenntnis mussten die Märtyrer von Abitina unter Kaiser
Diokletian mit dem Leben bezahlen. Aus der Zeit der frühen
Kirche haben wir viele Zeugnisse dafür, dass die Teilnahme an
der sonntäglichen Eucharistie für die Christen Gütesiegel und
Markenzeichen war. So sagte der Bischof Ignatius von Antiochien, Christ sein heiße, nach dem Sonntag zu leben.[3] Am meis-
ten beeindruckt mich, wenn Nichtchristen feststellten, sie hätten
die Christen daran erkannt, dass sie sich am Sonntag zum Her-
renmahl versammeln.[4]

Hand aufs Herz: Erkennt man auch uns daran, dass wir uns an
Sonn- und Feiertagen zur hl. Messe versammeln? Was ruft das
Bekenntnis der ersten Christen in uns wach: Wir können nicht
leben ohne das Mahl des Herrn? Ohne Ihnen zu nahe zu treten,
wage ich doch die Behauptung, dass nicht wenige Katholiken
sehr wohl meinen, ohne hl. Messe am Sonntag leben zu können.

---

1 Der „Sitz im Leben" dieser Predigt ist ein Goldenes Priesterjubiläum.
2 PL 8, 707. 709f; zit. n. Papst Johannes Paul II., Apostolisches Schreiben Dies Domini
   (1998), Nr. 46.
3 An die Magnesier 9, 1.
4 So Plinius der Jüngere, Briefe X, 96.

Deshalb dürfen wir dankbar sein für ein Fest wie heute. Ein Goldenes Priesterjubiläum ist ein lebendiges Ausrufezeichen, dass die Kirche nicht leben kann ohne Eucharistie, dass Gemeinden verhungern ohne das Brot des Lebens, dass ein Priester letztlich unterstützt, aber niemals ersetzt werden kann durch einen Laien. Noch so viele aktive Frauen und Männer geben keinen Priester ab.

Der Dienst des Priesters ist durch niemanden zu ersetzen, weil das, was Christus durch ihn tut, durch nichts ersetzt werden kann. Und dieser Dienst ist an erster Stelle der Dienst an der Eucharistie. Nirgends sonst wirkt der Priester so „an Christi Statt" (2 Kor 5,20), wie wenn er die hl. Messe feiert.

Wenn es um den priesterlichen Dienst geht, werden gern Texte des Zweiten Vatikanischen Konzils zitiert: Dort wird das eucharistische Opfer „Quelle und Höhepunkt des ganzen christlichen Lebens" genannt (LG 11). „Beim Vollzug des Werkes der Heiligung sollen die Pfarrer dafür sorgen, dass die Feier des eucharistischen Opfers Mitte und Höhepunkt des ganzen Lebens der christlichen Gemeinde ist" (CD 30). Die Eucharistie ist „Quelle und Höhepunkt aller Evangelisation", die besonders den Priestern aufgetragen ist (PO 5).

50 Jahre lang ist unser Jubilar nun Priester. Er empfing die Priesterweihe wenige Monate bevor das Zweite Vatikanische Konzil eröffnet wurde. Als Priester war und ist er bis heute ein Diener der Eucharistie, ein „Eingeweihter" in das Geheimnis des Glaubens schlechthin: „Deinen Tod, o Herr, verkünden wir und deine Auferstehung preisen wir, bis du kommst in Herrlichkeit." Das Zweite Vatikanische Konzil und die damit verbundene Aufbruchstimmung haben ihm dabei Rückenwind gegeben.

Sag mir, wie du die Eucharistie feierst, und ich sage dir,
wie dein seelsorgliches Tun aussieht.

Wir schauen auf den inneren Zusammenhang, der die Eucharistie mit dem geistlichen Leben und dem seelsorglichen Tun des Priesters verbindet. Dieser ganzheitliche Blick verhindert, dass der Seelsorger eine „gespaltene Persönlichkeit" mit getrennten Kompetenzfeldern wird: mit einer Liturgiekompetenz, um die Gläubigen in den Vollzug des Gottesdienstes mitzunehmen; einer spirituellen Kompetenz im Blick auf die persönliche Lebensführung und geistliche Begleitung; einer Leitungskompetenz, um eine Pfarrei bzw. Seelsorgeeinheit als mittelständischen Betrieb zu führen; und schließlich einer Sozialkompetenz für die praktische Seelsorgearbeit. Diese Aufspaltungen führen nicht weiter. Gerade der Priester braucht eine Mitte. Soll die Eucharistiefeier tatsächlich, wie die Texte des Konzils mehrfach betonen[5], Quelle des ganzen christlichen Lebens und der Evangelisierung sein, dann liegt es nahe, diese Quelle gerade für den Priester selbst, seine persönliche Spiritualität und sein seelsorgliches Handeln reicher fließen zu lassen.

Sich öffnen und hören

Auf einen ersten Aspekt weist die Alltagserfahrung in der Seelsorge hin: Bei einem Besuch sitze ich eine Zeit lang still da und höre nur zu, welche Sorgen und Ängste meinen Gesprächspart-

---

5 Vgl. u. a.Lumen gentium, 11; Christus Dominus, 30; Presbyterorum ordinis, 5.

ner belasten. Ein Kopfnicken oder eine kurze Nachfrage sind die einzigen Beiträge des Seelsorgers. Und doch bedankt sich das Gegenüber herzlich für das hilfreiche Gespräch. Die Fähigkeit, sich einem anderen zu öffnen, hinein zu hören, was ihn bewegt und umtreibt, ist durchaus nicht selbstverständlich. Doch ist sie eine Grundvoraussetzung, damit Seelsorge überhaupt geschehen kann. Der Wort-Gottes-Teil der Eucharistiefeier ist eine „Hörschule des Glaubens".

Es geht darum, wach in das Wort Gottes hineinzuhören, das Wort im eigenen Herzen zu bewegen und es zu bewahren (Lk 2,19.51). Auf diese Weise hat der Wortgottesdienst von seinem Wesen her immer eine marianische Note. Dieser Anspruch, marianisch zu sein, trifft den, der das Wort Gottes verkündet, zuerst. Die Anforderung an den Priester beschreibt das Konzil so: „Das Volk Gottes wird an erster Stelle geeint durch das Wort des lebendigen Gottes, das man mit Recht vom Priester verlangt." Es ist „die erste Aufgabe der Priester als Mitarbeiter der Bischöfe, allen die frohe Botschaft Gottes zu verkünden."[6]

Abgeben und Hingeben

Zu den schmerzlichen Erfahrungen in der Seelsorge gehört, dass wir hinter den hohen Ansprüchen zurückbleiben. Die Seelsorgeeinheit ist „ein Fass ohne Boden", in der immer mehr und vieles besser gemacht werden könnte. So bleibt z. B. nach der Begleitung eines Brautpaares, nach einem Taufgespräch oder

---

6 Zweites Vatikanisches Konzil, Presbyterorum ordinis, 4.

nach der Erstkommunionvorbereitung meist nur die Hoffnung, dass die Mühen doch nicht ganz umsonst waren und die Menschen später Anknüpfungspunkte finden für neue Zugänge zum Glauben und zur Kirche.

Mit diesen Erfahrungen geht das Wissen des Seelsorgers einher, selbst nicht der große Held oder „Showmaster" oder Tausendsassa sein zu können. Begrenzte Fähigkeiten, mangelnde Belastbarkeit, persönliche Schwächen, die vielleicht keiner merkt, und eine verborgene Sehnsucht nach „Mehr" (*magis*) können Zweifel über den eigenen Weg aufkommen lassen.

Wie gut, dass es die Gabenbereitung gibt! Mit „der Frucht der Erde und der menschlichen Arbeit" tragen wir das Bündel an Freude und Leid, an Problemen und Schwierigkeiten vor Gott und bieten es ihm als Opfergabe an. Mit den Gaben von Brot und Wein darf der Priester mit der Gemeinde das Leben vor Gott stellen, es darbringen, abgeben, sich selbst hingeben. Gerade die Gabenbereitung ist deshalb ein Akt des Abgebens und der eigenen Entlastung. Damit das nicht nur eine Formel bleibt, ist es wichtig, die Riten der Gabenbereitung bewusst zu vollziehen.

Wandlung geschehen lassen

Wie oft steht ein Seelsorger vor den Nöten eines Menschen und denkt: „Da hilft nur noch ein Wunder". Solche Erfahrungen stellen ihn vor einen geistlichen Scheideweg. Entweder wird er in Zweifel, Angst oder Wut stecken bleiben, oder er wird sich letztlich der Führung Gottes anvertrauen. Der zweite Weg mündet in eine Haltung, die Paulus in die Worte fasst: „Der Herr antwortete mir: Meine Gnade genügt dir; denn sie erweist ihre Kraft in der Schwachheit. Viel lieber also will ich mich meiner Schwachheit rühmen, damit die Kraft Christi auf mich herabkommt. Deswegen bejahe ich meine Ohnmacht (…), die ich für Christus ertrage; denn wenn ich schwach bin, dann bin ich stark" (2 Kor 12,9–10).

In dieser Haltung erfassen wir den Sinn der „Wandlung": Gott nimmt mein Leben in die Hand und führt mich auf einen Weg, der meinem Heil und dem Heil derer dient, die mir anvertraut sind. Ich muss und darf an mir etwas geschehen lassen, ohne dass ich es selbst „machen" könnte. Jesus Christus wird nicht durch menschliche „Manipulation" gegenwärtig gesetzt, sondern er selbst „motu proprio" erfüllt seine Zusage und schenkt seine Nähe.

Diese alleinige Wirkmacht Jesu Christi drückt sich liturgisch so aus, dass die Worte und Gesten des zelebrierenden Priesters bis ins Detail festgelegt sind. Dabei handelt es sich nicht um eine kleinliche Rubrizistik, sondern um das Eingeständnis: Wir sind nicht „Herstellende", sondern nur „Darstellende". Wir können uns nur als Werkzeuge der Gnade und als Empfangende verstehen. Wir haben das Wasser unseres Lebens in Krüge gefüllt und müssen Gott überlassen, dieses Wasser in köstlichen Wein des Heils zu verwandeln (vgl. Joh 2).

Das wird auch in der Dramatik des Hochgebetes deutlich. Mit den Worten der Epiklese übergibt der Zelebrant die Wirkmacht seiner Hände dem Heiligen Geist. Er kann nur noch „in persona Christi" handeln, was weder Arroganz noch Anmaßung bedeutet, sondern Entmachtung und Demut. Denn die Berechtigung zur Feier der Eucharistie erlangt der Priester nicht durch das Diplom der Theologie, sondern durch den Empfang der hl. Weihe.

Empfangen

Eine weitere Dimension kommt hinzu: Leben aus der Quelle der Eucharistie bedeutet, zum Empfangenden zu werden. Zunächst klingt im Wort vom „Empfangen" Passivität und Geschehen-Lassen mit. Doch bedeutet diese Art des Empfangens auch höchste Aktivität. Ich soll meinen Drang, alles in die Hand zu nehmen und die Zügel meines Lebens und Arbeitens für die Gemeinde in der Hand zu behalten, überwinden. Ich darf fähig werden, mir etwas schenken zu lassen. In der Eucharistiefeier wird das „handgreiflich" durch den Empfang der Gaben: Brot und Wein gebe ich dran, und ich empfange dafür den Leib und das Blut Christi, den Herrn höchstpersönlich.
Es gibt ein schönes Jesuswort, das die Apostelgeschichte überliefert: „Geben ist seliger als Nehmen" (Apg 20,35). Bei der Eucharistiefeier wird dieses Motto umgedreht: Nehmen ist seliger als Geben. Auch als Priester, der der Gemeinde gegenübersteht, bin ich zuallererst selbst Empfänger des Leibes Christi. Den Primat des Empfangens erfährt der Priester immer wieder, etwa bei Krankenbesuchen. Wie oft verabschiedet sich der Seelsorger vom Kranken, beeindruckt von dessen Stärke und dadurch selbst gestärkt in seinem Dienst. Von ganz einfachen Leuten kann der Priester oft viel abschauen: Er wird zum Empfangenden, der sich selbst bereichert und angenommen fühlen darf.

Sich senden lassen

Der letzte Ritus der Eucharistiefeier ist die Aussendung der Christen, die durch das Wort des Lebens und das Brot des Lebens gestärkt wurden. In Frieden sollen sie hingehen zu ihren alltäglichen Aufgaben in Familie, Beruf, Gesellschaft und zum Apostolat in ihrem Lebenskreis. „Weil jede Gabe Gottes zur Aufgabe wird und zu einem Leben des Dankes und zur Weitergabe der göttlichen Botschaft und Gnade verpflichtet, hat man das ‚Ite, missa est' in Anlehnung an das lateinische Wort ‚missio' gelegentlich auch als Sendung verstanden, etwa in dem Sinn: ‚Geht, eure Sendung beginnt'."[7]

Das „Gehet hin in Frieden!" spricht der Priester (oder Diakon) zunächst als Gegenüber zur Gemeinde im Auftrag des Herrn. Doch gilt diese Sendung auch ihm selbst. Wie Jesus Christus von sich sagt: „Friede sei mit euch! Wie mich der Vater gesandt hat, so sende ich euch" (Joh 20,21), so ist der Sprecher der Sendungsworte selbst Gesandter. Die letzten Worte der Eucharistiefeier sind für den Priester Erneuerung jener Sendungsworte, die ihm bei seiner Priesterweihe zugesprochen wurden. Wie die Gottesdienstteilnehmer hinaus gesandt werden in ihre Lebenswelt, so geht er selbst gesegnet und gesandt an die Seelsorgsarbeit im Weinberg des Herrn.

Lieber Jubilar! Seit 50 Jahren feierst du Eucharistie. Das hat Spuren in dir hinterlassen. Immer mehr bist du in die Tiefe der Eucharistie hineingewachsen. Mit dir zusammen begehen wir

---

7 Adolf Adam, Grundriss Liturgie, Freiburg – Basel – Wien 1998, 158.

festlich, was du täglich feierst: Eucharistie nicht nur im Gottes-
haus, sondern auch draußen im Haus der Welt. Es gibt auch eine
Messe vor der Messe und nach der Messe: die Messe des Alltags.
Wie sagte schon Joseph Ratzinger als Kardinal: „Der Priester
bringt Christus zu den Menschen, und die Menschen zu Christus."[8] Lieber Mitbruder, weil du das überzeugend tust, darfst
du heute deine Priesterweihe vergolden! Ad multos annos!

---

8 Joseph Ratzinger / Benedikt XVI., Predigt am 2. Juli 2000 in der Pfarrkirche Maria
  Schutz, München-Pasing, anlässlich des Goldenen Priesterjubiläums einiger Mitbrüder,
  veröffentlicht in Klerusblatt 80 (2000), 175-177.

Provoziert, exponiert, engagiert[1]

„Ihr aber, für wen haltet ihr mich?"
Die Frage, die Jesus stellt, ist mutig. Ich muss mit einem Menschen eng verbunden sein, dass ich ihn fragen kann: „Sag mal, für wen hältst du mich eigentlich? Wer bin ich für dich?" Wie viel ist bei solchen Fragen schon verletzt worden an mühsam errungener Beziehung, wenn sie vorschnell und aus Neugier fielen oder als Herumstochern empfunden wurden?! Jesus geht sogar noch weiter. Es bleibt nicht bei der intimen Zweierbegegnung. Er liefert sich einer Gruppe aus. Er stellt sich vor seine Jünger: „Ihr aber, für wen haltet ihr mich?" Diese Frage ist **mutig** und **provokativ** zugleich.

„Ihr aber, für wen haltet ihr mich?" Diese Frage hat unseren Jubilar bis heute nicht losgelassen. Er hat sie gestellt, und sie hat ihn gestellt: unseren Monsignore Josef Fickler, der heute auf 40 Jahre priesterlichen Dienstes zurückblicken kann. „Du aber, für wen hältst du mich" als Mensch, als Christ, als Priester? Wenngleich diese Frage die Nagelprobe für jeden Christen ist, wird sie besonders eindringlich einem geistlichen Menschen gestellt,

---

1 Predigt zum 40. Priesterjubiläum von Monsignore Josef Fickler, dem ersten Direktor des Offenen Seminars der Diözese Augsburg, am 21. Juni 2009 in Marienfried. Als Schriftlesungen lagen zugrunde 2 Tim 4,6–8.17–18; Mt 16,13–19.

vor allem den Priestern, die im Namen und Auftrag Jesu handeln.

1. „Ihr aber, für wen haltet ihr mich?" Damit werden die Jünger damals wie heute **PROVOZIERT**. Jesus fragt nicht nach der Meinung der vielen, er möchte es ganz persönlich wissen. Wir sollen wegkommen von unserem vorgefertigten Drucksachenglauben. Einfaches Beispiel: Wenn ich meine Post durchschaue, dann suche ich immer zuerst die Briefe heraus mit handgeschriebener Adresse. Auf die Seite wandern bald die Prospekte, Massensendungen und Drucksachen. Und ich freue mich, wenn es Briefe und Karten gibt, wo lebendige Menschen mich persönlich ansprechen und mit ihrem eigenen Namen unterschreiben.

Genau darum geht es Jesus mit seinen Jüngern: von ihm provoziert. Auch die Zeit, in die Josef Fickler hineingeboren wurde, war eine Provokation: 1939 und die Jahre danach stehen für Diktatur und Totalitarismus, für Vernichtung und Tod unschuldiger Menschen. Christliche Prozessionen waren im Schwinden, im Wachsen dagegen die militärischen und parteipolitischen Aufmärsche. Bekennende Christen hatten keinen leichten Stand. Es folgte der Krieg, der auch in den Herzen der Kinder und Jugendlichen tiefe Spuren hinterließ. Und dann: Aus dem Trümmerfeld ein neuer Aufbruch! Als 1949 das Grundgesetz unterzeichnet wurde, das „Leuchtfeuer der Freiheit", wie es unlängst Bundespräsident Köhler nannte, da hat Josef Fickler die neue Freiheit genutzt, um seinem Leben Form und Richtung zu geben. Welche Art von Freiheit hat er sich auf die Fahnen geschrieben? Seine

Vision der Freiheit bestand darin, sich zu binden. Zunächst sah er sich an seine Eltern gebunden, die vom einzigen Sohn erwarteten, dass er die Landwirtschaft übernähme. Er lernte Maurer. Doch nach der Gesellenprüfung, die er mit Auszeichnung bestand, merkte er: „Das kann nicht alles sein. Dieser Beruf ist noch nicht meine Berufung." Josef Fickler, knapp 20 Jahre alt, wollte eine Bindung eingehen nicht mit dem Geld, das langsam wieder in Umlauf kam; nicht mit einer Frau, die er geliebt hätte; sondern mit Jesus, dessen Wegbereiter er bis heute sein will. Deshalb hegte er den Wunsch, Priester zu werden. Mit der Handauflegung des Bischofs legte er sich fest, die Freiheit seiner eigenen Hände in die Arme Gottes zu legen. Diese Entscheidung war damals provokativ. Sie ist es bis heute.

„Du aber, für wen hältst du mich?" Hat diese Frage für mich noch ihre provokative Spitze bewahrt? Oder lasse ich sie so allgemein und anonym an mich herankommen, wie eben auch eine Drucksache nur ein Exemplar aus Tausenden ist? Leider verkehren wir mit Gott oft so, dass wir ein vorgedrucktes Blatt ins Kuvert stecken oder einen vorformulierten Text einfach nachbeten. Schaden kann es ja nicht. Aber wenn das alles ist! Dann sind wir „fotokopierte Christen" – ein Abzug mehr, fast als hätten wir das Zählwerk in der Druckerei grade eine Ziffer weiter schnellen sehen. „Ihr aber, für wen haltet ihr mich?" Diese Frage möchte uns Übersetzungshilfe sein, damit aus der Drucksache wieder ein persönlicher Brief wird mit eigenhändiger Unterschrift. Dabei haben wir es doch gar nicht so schwer.

2. Jesus hat ja seine Jünger nicht nur provoziert und sie dann im Regen hilflos stehen lassen. Er hat ihnen einen Sprecher gege-

ben: Petrus – vom Herrn **EXPONIERT**. Er exponiert sich mit dem Bekenntnis: „Du bist der Messias." Ein großes Wort! Bei Matthäus wird Petrus dafür selig gepriesen. Das Wort ist zu groß für einen einfachen Fischer, eben erst weggeholt von seinen Netzen: „Nicht Fleisch und Blut haben dir das offenbart, sondern mein Vater im Himmel." Indem der Fischer Petrus dieses Bekenntnis in den Mund nimmt, wird er vom Herrn exponiert. Und seitdem der Maurer Josef dieses Credo für sich zur Richtschnur seines Lebens gemacht hat, ist er mitexponiert. Das göttliche Wort wird in seinen menschlichen Mund gelegt. Die Exponierung des Glaubens ist nicht unangefochten; am Petrusamt wird gerüttelt und gesägt. Lieber Josef, du gehörst zu denen, die den Heiligen Vater hochhalten. In deinen Predigten hast du keine Scheu, eine Lanze für den Papst zu brechen. Obwohl du die Menschen ernst nimmst, wie sie sind, obwohl du dir ihre Sorgen und Nöte zu Herzen gehen lässt, steht für dich außer Zweifel, dass du in Treue zu Papst und Bischof deinen priesterlichen Dienst tust. Und wenn einmal eine leise kritische Anfrage über deine Lippen kommen sollte, dann geschieht dies aus ehrlicher Sorge, aus einem tiefen „sentire cum Ecclesia", aus einem echten Fühlen mit der Kirche. Das Stehen zum Bekenntnis der Kirche ist für dich das A und O deines Wirkens.

Ich bin froh, dass Petrus das Credo ein für allemal vorgesprochen hat. Wofür hat „der Messias Gottes" nicht schon herhalten müssen auf den Plakaten und Pamphleten der Welt: zum Philosophen, Volkslehrer, Moralisten, zum Idealisten und Revolutionsführer hat man ihn gemacht. Petrus gibt uns die Vorlage für unser persönliches Bekenntnis. Damit sind wir nicht zum Papagei erniedrigt, der nur nachplappert, was ihm ein anderer vorsagt. Im Gegenteil: Unser Dienst als Priester, das Wirken vieler Ordensleute und unser Christsein überhaupt wäre nur eine Drucksache wert, gäbe es da nicht die unüberbietbaren Worte des Petrus: „Du bist der Messias Gottes." Hinter diese Worte können und dürfen wir nicht zurück. Wer das Messiasbekenntnis verkürzt, verwässert den Glauben. Wie Petrus mit seinem Bekenntnis exponiert wurde, so wird sich jeder Priester exponieren müssen, will er die Fahne für Jesus Christus hochhalten. Der Applaus der vielen ist kein Barometer für die Qualität der Verkündigung. Wer Jesus Christus die Stange hält, erntet nicht nur Beifall. Er muss auch lernen, mit Widerspruch zu leben und Gegenwind auszuhalten. Umgekehrt gilt als Mahnung gerade für uns Priester: Wer nach allen Seiten offen ist, ist nicht ganz dicht.

Es ist tröstlich, dass Petrus noch ganz anders exponiert wird. Neben der Seligpreisung steht die Korrektur, sogar die schroffe Abfuhr: „Fort mit dir, Satan. Du vertrittst ja nicht die Sache Gottes, sondern die Sache der Menschen." Warum ist Jesus so hart? Weil es bei Petrus arg gemenschelt hat. Menschlich, allzu menschlich ist sein Einwand: Er wehrt sich gegen das Kreuz. Drei Hütten wollte er bauen, ganz oben am Himmel kratzen; er muss hinunter in die Niederungen des Leidens. Er hat ihn schauen dürfen – den verklärten Christus auf Tabor; er muss ihn eintauschen mit einem unattraktiven Jesus auf Golgota. „Der Menschensohn muss vieles erleiden." Das ist für Petrus zu viel. Er macht zwar noch irgendwie mit, aber am Ende kann er nicht mehr. Der Felsenmann wird weich wie Butter. Er stolpert. Das darf uns Mut machen. Sein Weg der Nachfolge ist weder graziöser Tanz noch schneller Spurt, es sind die Stolperspuren eines Mannes, der begeistert ist und zugleich angefochten.

An viele gute Spuren, die er hinterlassen konnte, wird Josef Fickler sich in diesen Tagen dankbar erinnern: an die Spuren, die er in den Herzen der vielen jungen Menschen legte, die er im Jugendhaus Elias willkommen heißen konnte; Spuren, die sich tief eingegraben haben vor allem bei denen, die im Offenen Seminar zu seinen Schützlingen zählten; Spuren werden lebendig aus der Zeit, da er als Stadtpfarrer von Mariä Himmelfahrt in Schongau wirkte. Hier wird sich auch manche Spur beimischen, die sich tief ins Herz gegraben und es verwundet hat. Doch die 13 Jahre, in denen Josef Fickler als erster Leiter des Offenen Seminars tätig war, überstrahlen alles: Sein Name war Markenzeichen und Gütesiegel zugleich. Da konnte er aus dem Vollen schöpfen, jung und dynamisch, breit im Wirkungsbereich und stark an physischer Kraft. Schon seine Kleidung sprach für die Vielfalt seines Wirkens: Beim Frühstück konnten wir ihn sehen im Nadelstreifenanzug, bei der anschließenden Bergwanderung in der Bundhose und dann beim Gottesdienst im Messgewand: Das war sein Lieblingskleid, da ist unser Jubilar bis heute in seinem Element. Als Priester wurde der einstige Maurer ein Netzwerker: Er knüpfte und hielt Kontakte zu Jugendlichen und jungen Männern in der ganzen Diözese. Gern hat er uns genannt: „Meine lieben jungen Freunde." Aus manchem „lieben jungen Freund" ist ein (hoffentlich) „lieber Mitbruder" geworden. Josef Fickler, das Jugendhaus Elias und das Offene Seminar waren eine Einheit. Es passt zu unserem Jubilar, dass er für uns einfach der Direktor war: kein Direktor wie ein

Geschäftsführer; sondern ein *„spiritus rector"*, ein geistlicher Leiter und Begleiter. Geistlicher Direktor ist Josef Fickler auch hier in Marienfried. Ihm ist es gelungen, die reine katholische Lehre zu bewahren und die Gebetsstätte in der Mitte der Kirche zu halten. Marienfried ist befriedet. Dafür ist ihm die Diözese sehr dankbar. Mit klarem Standpunkt, gesundem Menschenverstand und - wenn es sein musste – unmissverständlicher Beharrlichkeit (manche sagen dafür „Allgäuer Sturheit") hat Josef Fickler die Stellung gehalten. Nicht umsonst hat ihn dafür der Heilige Vater zum „Kaplan Seiner Heiligkeit" mit dem Titel Monsignore ernannt.

Doch neben diesen guten Spuren kennen wir auch das Zeugnis der Stolperspuren. Wohl keiner von uns wird dem anderen vorführen können, wie man „Zackzack" in den Himmel kommt, aber jeder wird etwas finden, wie er in allem Zickzack doch noch ans Ziel gefunden hat. Erster Zeuge für dieses Gestolpere ist Petrus. „Als du jung warst", sagt Jesus zu ihm, „da bist du gegangen, wohin du wolltest." Damals ging Petrus aus eigener Kraft. Am Lebensende erfährt er, wie er gereift ist, als sein persönlicher Lebensentwurf eins geworden war mit dem Weg des Herrn: „Du wirst deine Hände ausstrecken und ein anderer wird dich gürten und führen, wohin du nicht willst" zur Fesselung, zum Tragen des Kreuzes, zur Passion (Joh 21,18). Die Leidensgemeinschaft mit Jesus ist es, womit sich Petrus exponiert. Das Lippenbekenntnis reift zum Lebenszeugnis.

3. Gerade der Priester muss bereit sein, sein Leben durchkreuzen zu lassen. Er ist nicht nur provoziert durch das hartnäckige Fragen des Herrn; er schaut nicht nur auf zu Petrus, durch

das Bekenntnis exponiert. Der Priester lässt sich **ENGAGIE-REN**, indem er täglich sein Kreuz annimmt und es dem Herrn hinterher trägt. Gerade in den letzten Jahren musste Josef Fickler erfahren, dass es das Kreuz der Krankheit und des Todes gibt. Lieber Josef, dein bester Freund, Monsignore German Fischer, ist vor zwei Jahren ganz plötzlich verstorben. Und du selbst musst seit einiger Zeit mit manchem Wehwehchen leben. Diese Grenzerfahrungen hast du nicht einfach weggesteckt oder verdrängt. Du hast sie angenommen. So wünschen wir dir noch viele Jahre gesundheitlicher Stabilität, damit du dich auch im sog. Ruhestand in Sonthofen weiterhin so für den Herrn engagieren kannst, wie du das tust mit Leib und Seele. Wer dir begegnet, spürt: Hier treffe ich einen Gottesmann, der keine Drohbotschaft verkündet, sondern eine Frohe Botschaft für das Leben. Du hast nie „Wellness-Religion" gepredigt, sondern erzählst kraftvoll und kernig, bodenständig und leidenschaftlich von der Freundschaft, die dich mit Jesus Christus verbindet.

„Ihr aber, für wen haltet ihr mich?" Mit dieser Frage sind wir heute *provoziert*.
„Für den Messias Gottes." Dieses Bekenntnis hat Petrus *exponiert*.
„Nehmt euer Kreuz an Tag für Tag." Mit dieser Bitte sind wir *engagiert*.
Vom Herrn provoziert, exponiert, engagiert. Das ist der Priester. Das ist auch Maria. Die Gebetsstätte Marienfried, die für Josef Fickler in den vergangenen 15 Jahren zum Dach seiner Seele geworden ist, zeigt uns Maria als „Mutter der Kirche": Auch sie

wurde vom Herrn provoziert, exponiert und engagiert, von der Verkündigung durch Gabriel bis zum Stehen unter dem Kreuz.

Es ist gut, wenn der Prediger am Ende das Wort dem Jubilar überlässt. So habe ich in einer Schachtel gekramt, in der ich Briefe aufbewahre, die mir wichtig sind. Ich suchte und fand einen Brief, den mir Josef Fickler, der damalige Direktor des Offenen Seminars, im Januar 1979 schickte; ich hatte ihm gerade zum 40. Geburtstag gratuliert und war im 1. Semester im Priesterseminar:

„Lieber Bertram! Es freut mich sehr, dass du an meinen Geburtstag gedacht hast. Die harte Arbeit im Offenen Seminar geht weiter, um junge Menschen auf den rechten Weg zu einem christlich geführten Leben zu bringen und einige aus der großen Schar mit Gottes Hilfe auf den Weg zum Priestertum zu bewegen. Gerade in den letzten Tagen habe ich wieder einige unserer Leute im Offenen Seminar angesprochen, die im kommenden Jahr Abitur machen. Ich freue mich natürlich riesig, dass es bereits vier sind, die mir sagen, im Herbst ins Priesterseminar unserer Diözese eintreten zu wollen. Das ist eine meiner größten Freuden, die ich erleben darf, auch wenn ich weiß, dass ein harter Weg dann erst noch bevorsteht. Auch die Priesterweihe ist schließlich nicht das Ziel, sondern vielmehr das ganze Leben in den Dienst Gottes zu stellen, Jahr um Jahr bis zum Ende."
Bitten wir Maria, die Mutter Gottes und die Mutter der Kirche, dass sie uns treu sein lässt, Jahr um Jahr bis zum Ende. Maria mit dem Kinde gut, nimm uns alle in deine Hut!

Die Pastoral des auferstandenen guten Hirten[1]

Ich bin der gute Hirt. Meine Schafe hören auf meine Stimme. Ich kenne sie und sie folgen mir (vgl. Joh 10,11–27). Der große Theologe Thomas von Aquin hat sich einmal die Frage gestellt: Ist Dummheit Sünde?[2] Und er kommt zu dem Ergebnis: Dummheit kann Sünde sein unter zwei Voraussetzungen: bei Abstumpfung der Sinne und bei Verweigerung des Wissens.

Diese Gedanken deuten uns die Worte des Herrn: „Ich bin der gute Hirt. Meine Schafe hören auf meine Stimme. Ich kenne sie und sie folgen mir." Es gibt nicht wenige, die meinen, es passe nicht zum mündigen Christen, wenn er sich in die Gemeinschaft der Kirche eingebettet weiß. Die Dichterin Gertrud Fussenegger bringt es auf den Punkt, wenn sie von einem Gespräch mit einer Mitschülerin erzählt, die ihr sagte: „Du wirst nie ein moderner Mensch, weil du religiös bist."

Das Bild vom guten Hirten, der sich um seine Herde kümmert, schließt in der Tat eine solche Deutung nicht aus: Sind wir nicht naive Schafe, wenn wir uns der Gemeinschaft der Kirche verpflichtet wissen? Sind wir nicht lammfromm, wenn wir uns an

---

1 Predigt zum 4. Sonntag der Osterzeit 2011.

2 Vgl. „Dummheit ist Sünde". Thomas von Aquin im Interview mit Hans Conrad Zander, Düsseldorf 2009, S. 51.

das halten, was die Hirten, vor allem die Oberhirten der Kirche vorschreiben? Widerspricht das nicht dem, was wir heute mündiges Christsein nennen? Steht das nicht im krassen Widerspruch zur Freiheit eines Christenmenschen?

Fragen über Fragen. Das Bild vom guten Hirten kann uns eine Antwort geben, wenn wir es verklammern mit der Frage des Thomas von Aquin: Kann Dummheit Sünde sein? Jesus Christus, der gute Hirt, der Auferstandene ist immer wieder einzelnen Menschen und kleinen Gruppen erschienen. So unterschiedlich diese Erfahrungen mit dem Auferstandenen auch waren, beide Versuchungen, mit denen Christen damals wie heute konfrontiert sind, werden angesprochen: die Abstumpfung der Sinne und die Verweigerung des Wissens.

Da ist zunächst *Maria Magdalena*: ein sinnlicher Mensch, eine Frau, die mit allen Sinnen lebte und liebte. Wen wundert es, dass sie sich, bepackt mit Öl und Salben, auf den Weg macht zum Grab, um den toten Jesus noch einmal zu berühren, den Körperkontakt mit ihm zu suchen, seinen Leib zu spüren und ihn auf diese Weise zu halten, obwohl er schon aus dieser Welt weggegangen ist? Dieser Maria Magdalena, für die Sinnlichkeit, Ganzheitlichkeit so wichtig war, erteilt der Auferstandene die berühmte Lektion: *Noli me tangere!* Rühr mich nicht an! Komm mir nicht zu nahe! Maria Magdalena drängte die Sehnsucht nach Berührung, sie musste sich begnügen mit der Stimme des Herrn, der sie persönlich mit Namen ansprach: Maria. Jesus holte sie ab bei ihren Sinnen, die ihr so wichtig waren, und führte sie in eine neue Welt, die übersinnlich ist.

Was Maria Magdalena verwehrt blieb, das wurde dem Apostel *Thomas* gewährt: Er konnte und wollte nicht glauben, bevor er nicht Jesus leibhaftig berühren durfte. Die überschwängliche Begeisterung der anderen in Ehren – Thomas blieb skeptisch. Und diese Skepsis scheint gesund, der Zweifel berechtigt. Es zeugt von einem kritischen Geist, dem man nicht leicht ein X für ein U vormachen kann. Wie soll man auch etwas als wirklich annehmen, was gegen alle Erfahrung und Vernunft spricht und wissenschaftlich keinem Beweis standhält? Seine hartnäckige Weigerung, zu glauben, gibt Thomas erst auf, als er das Privileg bekommt, seine Finger in Jesu Wundmale legen zu dürfen. Doch die Gnadenstunde ist für ihn auch eine Schulstunde: „Selig sind, die nicht sehen und doch glauben!"

Maria von Magdala und Thomas, der Apostel: Beide waren Menschen, deren Sinne nicht abgestumpft waren. Doch die Ostererfahrung der beiden war unterschiedlich: Obwohl sie den Geliebten gern in den Arm genommen hätte, die Frau musste Jesus lassen. Der Apostel hingegen durfte ihn fassen: Beiden wurde klar, dass der Glaube an die Auferstehung über das rein Sinnliche hinausgeht, dass das Sinnliche dem Ewigen auf Dauer nicht standhält.

Zur Versuchung der Abstumpfung der Sinne tritt nach Thomas von Aquin die Verweigerung des Wissens. Auch um diese Versuchung scheint Jesus in seiner Hirtensorge schon gewusst zu haben.

Denken wir an die *Emmaus-Jünger*. Sie hatten es mit eigenen Ohren gehört, was Jesus vorhatte, und sie durften mit eigenen Augen sehen, wie er die Bergpredigt mit Wundern und Zeichen kraftvoll untermauerte. Aber in letzter Konsequenz haben sie Jesus missverstanden. Sie hatten gehofft, dass er der lang ersehnte Messias sei, der den ungerechten Verhältnissen der römischen

Besatzung ein Ende macht und das Reich Davids als politische Größe wiederherstellt. Dann jedoch das böse Erwachen: Jesus endet am Kreuz – als Schwerverbrecher und Terrorist. Aus der Traum von politischer Unabhängigkeit und persönlicher Freiheit. Auch die Emmaus-Jünger müssen in die Schule des guten Hirten gehen: „Musste nicht der Messias all das erleiden, um in seine Herrlichkeit einzugehen?" Osterglaube braucht Fortbildung – ein Leben lang. Der Glaube an das ewige Leben fällt nicht vom Himmel, er erschließt sich auf dem Weg, er vertieft sich im Gespräch unter Gleichgesinnten. Geben wir nicht auf, einander nicht nur unsere Freuden und Hoffnungen, sondern auch unsere Ängste und Sorgen anzuvertrauen!

Schließlich gehen wir mit den Jüngern an den *See von Tiberias*. Nach Jesu Tod waren sie dorthin zurückgekehrt, um einen Wiedereinstieg zu finden in ihre alte Heimat und ihren alten Beruf. Zwar war der Auferstandene ihnen erschienen, aber offenbar brauchte es Zeit, ganz zu begreifen, was das konkret bedeutete. Dass nach Ostern nicht mehr alles so weiterlaufen konnte wie vorher, war ihnen noch nicht bewusst. Sie sagten sich: Das Leben muss weitergehen, wie gehabt. Der Alltag muss organisiert sein, der Betrieb muss laufen, das Brot will verdient sein. Auch ihnen wird eine Lektion erteilt: Bleibt nicht stehen am Ufer, sondern fahrt hinaus auf den See! Erst als sie mit übervollen, prallen Netzen zurückkehren, erinnern sie sich an ihre eigentliche Berufung: „Von nun an sollt ihr Menschen fangen."

Der Glaube an Ostern braucht ständige Weiterbildung, damit wir unsere Mission nicht vergessen. Österliche Christen sitzen nicht am Ufer und drehen Daumen, sie fahren hinaus auf den See und fangen Fische.

Kann Dummheit Sünde sein? Diese Frage hat Thomas von Aquin gestellt. Der gute Hirt holt uns heraus aus dem Schafstall der Vertrautheit und Sicherheit. Er möchte uns davor bewahren, abzustumpfen in unseren Sinnen und uns dem Wissen zu verweigern. Hirt heißt auf lateinisch: *pastor*. Auch nach Ostern ist der Auferstandene Pastor geblieben, der gute Hirt, der die Seinen kennt, der „Bischof der Seelen" (1 Petr 2,25), der für sie sorgt. Jesus hat seine Pappenheimer gut gekannt. Seine Pastoral bestand darin, ihnen in die Schuhe des Osterglaubens zu helfen, dass ihre Sinne nicht abstumpften und sie sich der Fortbildung stellten. Dieses Angebot macht Jesus, der gute Hirt, auch uns. Nehmen wir es an, bleiben wir dem auf der Spur, der will, dass wir das Leben in Fülle haben (vgl. Joh 10,10). Denn wer von uns will Sünder sein und noch dazu dumm?

Bindet den Esel los!
Der Herr braucht ihn.
(Lk 19,30 ff.)[1]

Wenn Bücher Eselsohren haben, wissen wir, was mit ihnen los ist. Sie sind viel und von vielen gelesen worden; sie lassen entweder auf eine Leseratte schließen oder auf einen Schlamper. Auch manche Seite des Buches der Bücher hat Eselsohren. Dazu gehört der Abschnitt, der vom Einzug Jesu in Jerusalem berichtet. Anscheinend hat der Palmsonntag ein Eselsohr. Denn seit unserer Kindheit hat man uns in allen Details erzählt, wie begeistert die Bewohner der Stadt Jesus in ihrer Mitte willkommen geheißen haben. Ob Jesus das Bad in der Menge genossen hat? Wer ein Eselsohr wieder glätten will, muss sich mit ihm geduldig beschäftigen. Dazu wollen wir uns heute am Anfang des Jahres, das unser Heiliger Vater besonders den Priestern gewidmet hat, ein wenig Zeit nehmen. Das Bild, von dem wir uns leiten lassen, ist schon angeklungen: der Esel. Wer sich dem Eselsohr des Palmsonntags zuwendet, denkt sofort an den Palmesel Jesu Christi. Der Esel ist es, der unsere Gedanken über unsere priesterliche Berufung anstoßen soll.

---

1 Geistliche Punkte zur Einstimmung auf den Palmsonntag 2000 vor Jesuiten und Studenten im Päpstlichen Kolleg Germanicum et Hungaricum in Rom.

Erster Anstoß: Sind wir Christen Esel?

Vor mehr als hundert Jahren machten auf dem Palatin in Rom Archäologen eine interessante Entdeckung. Sie fanden eine Zeichnung, die in die Wand eingeritzt war und wohl aus dem zweiten Jahrhundert nach Christus stammen dürfte. Dabei wird ein Kreuz dargestellt, an dem ein Mann hängt. Aber das Haupt des Gekreuzigten ist nicht der Kopf eines Menschen, sondern der eines Esels. Daneben steht ein Junge, der betend seine Hand zum Kreuz hin erhebt. Darunter liest man die auf Griechisch eingeritzte Inschrift: „Alexamenos betet seinen Gott an."
Die Botschaft der Zeichnung ist klar. Gott am Kreuz soll ein Esel sein. Und Alexamenos und mit ihm alle Christen, die diesen gekreuzigten Gott anbeten, sind erst recht große Esel. Und wir Priester, denen bei der Weihe das Wort auf den Kopf zugesagt wird: „Stelle dein Leben unter das Geheimnis des Kreuzes!" Was sind wir?
Nicht nur damals, sondern auch heute erregt der Gottessohn am Kreuz Anstoß und Ärgernis. Vor dem Kreuz stehen ist für viele unästhetisch. Das wusste bereits Paulus, der sagte, das Kreuz sei „für Juden ein empörendes Ärgernis" und „für Heiden eine Torheit" (1 Kor 1,23), eine indiskutable religiöse Geschmacksverirrung und ein wissenschaftlicher Blödsinn. Für Friedrich Nietzsche besiegelt der christliche „Gott am Kreuz" sogar die Lebensfeindlichkeit des Christentums. Denn das Kreuz sei ein „Fluch auf das Leben", eine „Verschwörung gegen das Leben". Es verkörpere den „ingrimmigen rachsüchtigen Widerwillen gegen das Leben selbst", und es lasse Gott verstehen als einen eifersüchtigen Despoten, der dem Menschen das Leben

missgönnt. Ist Gott also doch ein Esel, wenn er unsere Welt und besonders uns Menschen so „verrückt" gern hat, dass er sogar seinen eigenen Sohn am Kreuz dahingibt, diese verrückte Liebe ihm aber von Seiten der Menschen als eselhafte Geschmacklosigkeit ausgelegt wird? Unbeirrbar hält Gott an seinem Heilsplan fest – fast möchte man im besten Sinne des Wortes sagen: Gott ist „störrisch wie ein Esel". Seine verrückte Liebe zu uns Menschen lässt er sich von nichts und niemandem verrücken.

Wir Priester haben es nicht besser als unser Meister. Wen wundert es da, dass auch wir manchmal als Esel gelten? Eine solche Zuordnung in eine nicht sehr angesehene Klasse des Tierreichs ist kein Kompliment; sie sollte uns aber ebenso wenig erstaunen. Vielmehr wäre es alarmierend, wenn wir Priester – auch Diakone oder Priesteramtskandidaten - alles daran setzten, um vor der Welt von heute auf keinen Fall als Esel dazustehen. Dieses Unterfangen wäre gerade das deutlichste Anzeichen dafür, dass wir Gefahr laufen, den wahren Weg der Nachfolge Jesu zu verlassen. Wer sein Leben auf das Kreuz Jesu Christi setzt, wird nicht nur damit rechnen müssen, dass man ihn als „Spätaufsteher" einmal im Jahr scherzhaft zum Palmesel kürt. Er muss einkalkulieren, auch im richtigen Leben ab und zu als Esel hingestellt zu werden.

Wie bin ich bisher mit solchen „Spitznamen" für meine Lebenswahl umgegangen? Wie sieht es aus mit meiner eigenen „Selbstdarstellung"? Wer sich für ein Multi-Talent hält oder für einen Tausendsassa, wer sich auf allen Bühnen des kirchlichen und gesellschaftlichen Lebens bewegen kann und meint, auf vielen Hochzeiten tanzen zu müssen, der ist vielleicht bekannt wie ein bunter Hund, aber noch längst kein Esel für den Herrn.

Zweiter Anstoß: Der Esel als „Kirchenlehrer"

Stand der Esel an der Krippe noch neben dem Ochsen im Schatten, so kommt ihm am Palmsonntag eine Hauptrolle zu. Der Esel hält eine Predigt, die Jesus mit noch so geschliffenen Worten wohl nicht besser hätte gelingen können. Denn der Esel macht auf einen grundlegenden Unterschied aufmerksam, der zwischen dem Einzug Jesu und anderen Empfängen in Jerusalem bestand. Die Straßen der Stadt hatten schon viele gesehen, die auf ihnen Einzug hielten. Schon vor Jesus sind Machthaber und Könige im Triumph eingeritten. Doch die Ankunft Jesu hat etwas Besonderes an sich: Auch Jesus kommt als König – nicht zu Fuß, sondern er reitet. Sein Weg ist umsäumt von Menschen, die ihm zujubeln und ihn mit dem höchsten Ehrentitel willkommen heißen: „Hosanna dem Sohne Davids, der kommt im Namen des Herrn" (Mk 11,9).

Doch Jesus kommt nicht hoch zu Ross, sondern dem Boden näher auf dem Rücken eines Esels. Damit möchte er ausdrücken, wo er steht: auf der Seite der Armen und Kleinen. Weder dem edlen Lipizzaner noch dem stolzen Schlachtross, sondern dem gewöhnlichen Esel, dem Lasttier der Armen, kommt die hohe Ehre zu, den Friedenskönig in die Heilige Stadt zu tragen. Ein militärisch wertloses Tier bringt Christus ins Zentrum der politischen und religiösen Macht. Es ist der graue, gedrungene, vielleicht etwas schwerfällige Esel, der Jesu Lebensentscheidung publik macht, die bis heute der Kirche ins Stammbuch geschrieben ist: die Option für die Armen.

Werfen wir in diesem Zusammenhang einen Blick ins Herz des Kirchenjahres: Am Palmsonntag, der Ouvertüre der Heiligen

Woche, schürzt sich der Knoten, der im *Triduum Paschale* zur höchsten Spannung gebracht wird. Es ist das Grundgesetz unserer Erlösung, dass Erhöhung erst dann geschieht, wenn ihr die Erniedrigung vorausgeht. Im Philipperhymnus erklingt dieses Grundgesetz der Erlösung als Lied: Jesus Christus „war Gott gleich, hielt aber nicht daran fest, wie Gott zu sein, sondern er entäußerte sich und wurde wie ein Sklave und den Menschen gleich. Sein Leben war das eines Menschen. Er erniedrigte sich und war gehorsam bis zum Tod, bis zum Tod am Kreuz" (Phil 2,6–8).

Jesus hat den Esel in seinen Dienst genommen als Botschafter der Erlösung und des Friedens. Wer sich auf einen Esel setzt, steigt eigentlich nicht auf, sondern ab. Der Esel ist kein Lipizzaner, er ist das Tragtier der armen Leute. So hat es gerade der Esel Jesus möglich gemacht, allen alles zu werden, König und Knecht zugleich zu sein, zu reiten und dem Boden nahe zu bleiben. Der Esel predigt Bodennähe, weil er den Reiter dem Erdboden nahe sein lässt. Und wer nahe am „humus" lebt, ist ein Lehrer der „humilitas", der Demut.

Auf diese Weise stellt uns Jesus den Palmesel gleichsam als ersten „Kirchenlehrer" vor. Die Kirche – gerade wir Priester und alle, die es werden wollen – dürfen beim Esel in die Schule gehen. Wir glauben oft, Pastoral und Diakonie müssen säuberlich voneinander getrennt werden. Für die Pastoral entwerfen wir ausgefeilte Pläne und Langzeitstrategien, für die Diakonie oder Caritas gibt es eigene Fach- und Dach-Verbände. Ergebnis: Pastoral und Caritas sind perfekt durchorganisiert, aber auch voneinander geschieden: Seelsorgeamt hier, Caritasverwaltung dort. Doch wer so denkt und handelt, sitzt einem Missverständnis auf.

Ich möchte nicht den moralischen Zeigefinger erheben. Lieber ist es mir, in diesem Zusammenhang an einen Priester der Gesellschaft Jesu zu erinnern. Ich möchte Pater Alfred Delp SJ das Wort erteilen, der bereits 1944/45 seine Gedanken so zusammenfasste, wie sie heute treffender nicht gesagt werden könnten:

„Das Schicksal der Kirchen wird in der kommenden Zeit nicht von dem abhängen, was ihre Prälaten und führenden Instanzen an Klugheit, Gescheitheit, ‚politischen Fähigkeiten' usw. aufbringen. Auch nicht von den ‚Positionen', die sich Menschen aus ihrer Mitte erringen konnten. Das alles ist überholt. (...) Statt dessen geht es um die Rückkehr der Kirchen in die ‚Diakonie': in den Dienst der Menschheit. Und zwar in einen Dienst, den die Not der Menschheit bestimmt, nicht unser Geschmack oder Consuetudinarium einer noch so bewährten kirchlichen Gemeinschaft. (...) Es wird kein Mensch an die Botschaft vom Heil und vom Heiland glauben, solange wir uns nicht blutig geschunden haben im Dienste des physisch, psychisch, sozial, wirtschaftlich, sittlich oder sonstwie kranken Menschen. Der Mensch heute ist krank. (...) Rückkehr in die ‚Diakonie' habe ich gesagt. Damit meine ich das Sich-Gesellen zum Menschen in allen seinen Situationen mit der Absicht, sie ihm meistern zu helfen, ohne anschließend irgendwo eine Spalte oder Sparte auszufüllen. Damit meine ich das Nachgehen und Nachwandern auch in die äußersten Verlorenheiten und Verstiegenheiten des Menschen, um bei ihm zu sein genau und gerade dann, wenn ihn Verlorenheit und Verstiegenheit umgeben. (...) Es hat keinen Sinn, mit einer Predigt- und Religionserlaubnis, mit einer Pfarrer- und Prälatenbesoldung zufrieden die Menschheit ihrem Schicksal zu überlassen. Damit meine ich die geistige Begegnung als echten Dialog, nicht als monologische Ansprache und monotone Quengelei".

Die Worte von Alfred Delp sprechen für sich. Für uns sind sie Anspruch. Gerade in der Kirche sind Sitzordnungen nicht unwichtig. Vom Priestersitz über die Cathedra des Bischofs bis zum Stuhl Petri, dem Heiligen Stuhl! Aber wir wollen nicht abstrakt bleiben: Je höher wir in der kirchlichen Sitzordnung aufrücken, umso mehr sind wir aufgerufen, in die Diakonie hinunter zu steigen! Davon können und dürfen wir uns nicht dispensieren. Von Dom Helder Camara, dem ehemaligen Erzbischof von Olinda-Recife im Nordosten Brasiliens, dem Armenhaus des Landes, der heuer seinen 100. Geburtstag hätte feiern können, stammt das Gebet: „Lass mich dein Esel sein, Christus, auf dem du zu allen Menschen kommst."

Dritter Anstoß: Die hohe Ehre, ein Esel des Herrn zu sein

Dafür holen wir uns eine Persönlichkeit, die am Anfang der Neuzeit einigen Anstoß erregt hat, aber gerade dadurch auch wichtige Reformen innerhalb der Kirche angestoßen hat. Es war Martin Luther, der in seiner Palmsonntagspredigt des Jahres 1521 ein Loblied auf den Esel gesungen hat. Der Reformator hebt besonders zwei Wesenseigenschaften des Esels hervor und, augenzwinkernd, schielt er dabei auf den Menschen.

Da ist zunächst die Sturheit. Der Esel ist störrisch. Luther sagte wörtlich: „Du [Mensch] bist wie der Esel, der nicht daran denkt, jemand zu bitten, dass er auf ihm reite. Christus selbst muss kommen, und der kommt dir – wie der Prophet sagt - als ‚Armer, als Gerechter und als Retter'". Luther weiß also ganz genau, dass der junge Esel niemals frei und willig ist und sich von niemandem reiten lassen will, *„bis endlich Christus kommt und der macht das Gewissen fröhlich, willig zu tun, was er soll. Dann lässt er sich gerne reiten"* und trägt seine Last über Berg und Tal: bis ans Ende der Welt.

Hier klingt schon die zweite Eigenschaft des Esels an: seine Geduld und Treue. Der Esel ist ein Tier mit dem langen Atem der Leidenschaft. Es braucht zwar seine Zeit, bis er sich reiten lässt. Man muss ihn stoßen und vielleicht auch einmal „pieksen", damit er sich in Bewegung setzt. Aber wenn der Esel erst einmal „Ji-aa" gesagt hat, dann geht ihm die Luft so schnell nicht aus. Er trägt nicht nur die Last auf seinem Rücken, er hält auch den Buckel hin für seinen Herrn. Das wünscht sich Martin Luther auch im Hinblick auf die Christen im Stand der Rechtfertigung: *„Es gibt nicht mehr denn einen Reiter, und der heißt Christus. Wir sind nimmer mehr Esel, auf denen andere Leute reiten".*

Esel und Mensch: Wie ähnlich sie einander sind! Störrisch, aber auch geduldig; stur und zugleich treu. Ich finde, dass Jesus Christus und der Esel auf sprechende Weise nicht nur die Beziehung zwischen Gott und Mensch abbilden, sondern auch das Tandem „Gott und Priester". Ich weiß, dass mein Vergleich etwas kühn ist, aber ich wage trotzdem, ihn zu formulieren: Ich stelle mir das Presbyterium vor als großen Kasten voller Esel – kleiner und großer, junger und auch schon etwas älterer, jeder für sich jedoch irgendwie von sich überzeugt. Und wenn ich Gelegenheit hätte, mit den einzelnen Eseln selbst zu sprechen, dann würde ich sie im Sinne von Martin Luther fragen: „Wen lässt du auf dir reiten? Für wen hältst du den Buckel hin? Wessen Lastenträger bist du?"

Ob es die Jahre sind im Priesterseminar oder die Zeit als Kaplan oder später als Pfarrer bzw. in anderen Aufgaben oder im sog.

Ruhestand zur pastoralen Mithilfe: Alle Phasen im Priesterleben sind eine Schule, in der uns der Meister zu seinen Lasttieren formen und bilden will. Der Herr allein will auf uns reiten – keiner sonst! Können wir der Versuchung widerstehen, dass sich andere auf uns setzen – wie etwa die „unheilige Dreifaltigkeit" der drei „E", die sich gerne in der Kirche breit macht: Ehrgeiz, Eigeninteresse und Eifersucht. Gerade die „invidia clericalis", die berüchtigte Eifersucht ist eine Leidenschaft, die unter uns Kirchenleuten mit Eifer sucht, was Leiden schafft.

Doch kehren wir zum Esel zurück! Im Lukasevangelium gibt Jesus den Auftrag: „Bindet den Esel los! Der Herr braucht ihn!" (vgl. Lk 19,30 f.). Priesterliche Existenz ist eine Art Losbindung in verschiedener Hinsicht: vom Heimatland, vom Elternhaus, von guten Freunden, vom Mutterboden des Glaubens und des Lebens, später Losbindung von lieb gewordenen Menschen, von Aufgaben, die uns erfüllt haben, von Orten, die wie eine zweite Heimat wurden. Die Erfahrung des Loslassens bleibt auch uns nicht erspart, mitunter als schmerzlicher Prozess.

Losbindung ist aber mehr als Abnabelung oder gar Entwurzelung. Wir lassen uns losbinden, um in Freiheit neu gebunden zu werden vom Herrn: Der Herr braucht uns. Auf unseren Rücken möchte er einreiten in die großen und kleinen Welten, die er mit seiner Botschaft erfüllen will. Unseren Buckel sollen wir hinhalten, wenn Christus, der Reiter, ausgelacht und in den Schmutz gezogen wird. Der Reiter und sein Esel, Gott und Mensch, Christus und der Priester – sie gehen eine Lebensgemeinschaft ein. Untrennbar gehören sie zusammen. Wer sich über den Esel lustig macht, der beleidigt den Reiter. Und wer dem Esel huldigt, der meint ebenso eigentlich den, der auf ihm sitzt. Auch das müssen wir uns immer wieder vor Augen halten: Nicht der Esel steht im Mittelpunkt, sondern der Reiter. Das kann entlastend sein, ist aber auch ein Impuls zu einer ehrlichen Gewissenserforschung: Nimm dich selbst nicht zu wichtig!

Noch ein Detail möchte ich nicht verschweigen: Jesus kauft sich den Esel nicht. Er leiht ihn nur aus. Wenn wir das Duo Reiter - Esel als Berufungsgeschichte deuten, dann kommt damit zum Ausdruck, dass Christus keinen zwingt, sich als Esel für ihn zur Verfügung zu stellen. Wer ausleiht, der lässt frei. Wenn Jesus beruft, ist er also kein „Nepper, Schlepper, Bauernfänger", der sich freut, wenn ihm ein junger Mensch auf den Leim oder ins Netz gegangen ist. Sein Ruf ist nicht das Zuschnappen einer Falle, sondern die Tür zu einem „Leben in Fülle" (vgl. Joh 10,10). Gleichzeitig bedeutet Freilassen aber auch, dass der eine oder andere junge Esel feststellt, vielleicht doch nicht für diese besondere Art des Tragens geeignet zu sein. Das ist keine Schande. Es gibt viele Arten, den Herrn durchs Leben zu tragen. Für Christus ist jeder auf seine Weise brauchbar. Deshalb bitte ich: Hören wir ehrlich in uns selbst hinein! Und helfen wir den jungen Menschen auf der Suche nach ihrer Berufung offen und klar, aber auch bescheiden und feinfühlig mit unserem Fragen: Könnte es sein, dass Gott dich losbinden will, weil er dich braucht?

Der Esel ist ein faszinierendes Tier. Vor einigen Jahren, als es in Italien große politische Umwälzungen in der Parteienlandschaft gab, haben sich neue politische Gruppierungen Palmsonntagssymbole gegeben. Ich denke dabei an den „Olivo" und den „Asinello". Hier schwingen Sehnsüchte mit, die schon die Bewohner Jerusalems bewegten: der Wunsch nach Frieden und Sicherheit sowie das Bemühen, still und unauffällig, aber treu und geduldig die Arbeit für das Gemeinwohl Italiens zu verrichten. Es wäre schade, wenn der Esel nur noch in der Politik zu Ehren käme. Zuallererst gehört er zu uns in die Kirche.

Vierter Anstoß: Asinus portans mysteria.
Der Esel als Geheimnisträger.

Damit berühren wir die Frage nach der Last, die der Esel auf seinem Rücken trägt. Auf einem alten Bild in Rom, das die Flucht nach Ägypten zeigt, steht die Formulierung: *Asinus portans mysteria*. Der Esel trägt Geheimnisse. Ist das nicht eine schöne Umschreibung für uns priesterliche Esel! Wir sind hier übrigens in bester Gesellschaft. Denn Paulus bezeichnet die Diener Christi als „Verwalter der Geheimnisse Gottes" (1 Kor 4,1). Im 2. Brief an die Korinther entfaltet er in einem Bild, was Geheimnisträger bedeutet: „Den Schatz der Erkenntnis Christi tragen wir in zerbrechlichen Gefäßen: So wird deutlich, dass das Übermaß der Kraft von Gott und nicht von uns kommt" (2 Kor 4,6 f.).
Trotz des hohen Ideals weiß Paulus um die Realität. Er macht sich selbst und uns nichts vor. Er ist sich bewusst, dass der Schatz und die zerbrechlichen Gefäße in Spannung zueinander stehen. Eine Spannung, die uns fast zerreißen kann: der göttliche Glanz des Schatzes und das brüchige Gefäß. So kann es den zerbrechlichen Gefäßen ergehen, die den Schatz bergen (vgl. 2 Kor 4, 8 f.):
„Von allen Seiten werden wir in die Enge getrieben": Die Seelsorgeinheit, der pastorale Raum wird immer weiter, unser eigener Freiraum immer enger. Anfechtungen von innen, Kritik von

außen. Erwartungen von „oben", Petitionen von „unten". Druck von rechts, Druck von links. Hin- und hergerissen von Dorf zu Dorf, von Termin zu Termin.

„Wir werden gehetzt": von Sitzung zu Sitzung, von einem Gottesdienst zum nächsten. Pausenlos sind wir unterwegs, um andere zur Besinnung zu bringen.

„Wir werden niedergestreckt": durch eigene Überforderung und durch die Unbarmherzigkeit anderer, die uns nicht zur Ruhe kommen lässt. Manche sind „down" und können nicht mehr. Der Esel liegt am Boden.

Wie reagieren wir auf solche und ähnliche Situationen? Sind wir vor allem damit beschäftigt, Schuldige zu suchen und Sündenböcke zu jagen? So einfach geht das Krisenmanagement nicht. Uns Priestern wird heute einiges zugemutet. Das ist Realität. Vieles zerbricht. Das ist auch eine Chance. Wir dürfen uns neu auf Schatzsuche begeben, und ich bin zuversichtlich, dass wir fündig werden unter zwei Voraussetzungen:

1. Wenn wir ernst machen, dass wir den Schatz, der uns geschenkt ist, nicht einmauern und einpanzern dürfen aus Angst, ihn verlieren zu können.

2. Wenn wir ernst nehmen, was wir sind: nicht die großen Schatzmeister, sondern zerbrechliche Gefäße, damit deutlich wird, „dass das Übermaß der Kraft von Gott kommt, nicht von uns".

Mit dieser Haltung ist auch der hl. Pfarrer von Ars in seinen Wirkungsort gegangen, obwohl er von seinem Bischof schon vorgewarnt war: „Es gibt in dieser Pfarrei nicht viel Liebe zu Gott. Sie werden sie dort einführen." Er kam sich als Esel vor, als er in Ars seinen Dienst antrat. Was hat diesen Esel Johannes

Maria Vianney als Priester vor allem bewegt? Er betete: „Mein Gott, gewährt mir die Bekehrung meiner Pfarrei. Ich will dafür alles erleiden, was ihr wollt, mein ganzes Leben lang." Mit diesem Gebet begann er seine Mission in Ars. Allmählich gelang es ihm, die Wertschätzung des Bußsakramentes wieder zu heben. Bis zu 16 Stunden saß er täglich im Beichtstuhl. Man sagte damals, Ars sei „das große Krankenhaus der Seelen" geworden. Einen echten „Kreislauf der Tugend" setzte der hl. Pfarrer von Ars in Gang. Er verkündete keine „Drohbotschaft", sondern Frohbotschaft. Indem er das Bußsakrament mit der Eucharistie in enge Verbindung brachte, hat er der Beichte sogar einen gewissen Charme gegeben. Durch seine langen Gebetszeiten vor dem Tabernakel erreichte der Pfarrer von Ars, dass die Gläubigen es ihm nachmachten. Sie kamen, um Jesus zu besuchen, und konnten sicher sein, dort auch ihren Pfarrer anzutreffen, der bereit war zum Hören, Raten und Vergeben.

In seinem Brief zum Jahr des Priesters zitiert Papst Benedikt den Pfarrer von Ars mit zwei Bemerkungen, die auch uns zu denken geben müssen:

1. „Das große Unglück für uns Pfarrer besteht darin, dass die Seele abstumpft. (…) Die Ursache der Erschlaffung des Priesters liegt darin, dass er bei der Messe nicht aufmerksam ist! Mein Gott, wie ist ein Priester zu beklagen, der so zelebriert, als ob er etwas Gewöhnliches täte."

2. „Der Priester ist es, der das Werk der Erlösung auf Erden fortführt. Was nützte uns ein Haus voller Gold, wenn es niemanden gäbe, der uns die Tür dazu öffnet? Der Priester besitzt den Schlüssel zu den himmlischen Schätzen: Er ist es, der die

Tür öffnet; er ist der Haushälter des lieben Gottes, der Verwalter seiner Güter. Lasst eine Pfarrei zwanzig Jahre lang ohne Priester, und man wird dort die Tiere anbeten. Der Priester ist nicht Priester für sich selbst, er ist es für euch."

So gesehen, ist das Jahr des Priesters keine Einladung zur Klerikalisierung der Kirche, sondern eine Vitaminspritze für uns Priester und eine Einladung an alle, das Weiheamt in der Kirche neu zu schätzen und junge Männer zu ermutigen, sich der Frage zu stellen, ob Gott nicht auch sie in seine Geheimnisse einweihen will, ob er sie vielleicht ruft, Priester zu werden. Wir danken dem Heiligen Vater für diese Idee, dieses besondere Jahr der Berufung zum Priesteramt auszurufen.

Gott weiß um den Schatz seiner Geheimnisse, er weiß auch um uns als zerbrechliche Gefäße. Das ist wirklich göttliches Vertrauen, wenn er uns seinen Schatz anvertraut. Anders gesagt: Ich finde es groß, dass Gott sich von uns Eseln tragen lässt.

Hörendes Herz[1]

„Schenke deinem Diener ein hörendes Herz!" (1 Kön 3,9). Vor fast dreitausend Jahren hat dieses Gebet ein bedeutender König Israels gesprochen: Salomon, eben erst zum Herrscher bestellt über ein großes schwieriges Volk, jung und unerfahren, nicht recht wissend, wie er sich als König richtig verhalten soll. Zwischen unterschiedlichen Strömungen mit verschiedensten Erwartungen und Wünschen spürt er, dass er eine gute Orientierung braucht. Um sich nicht von Machtintrigen leiten zu lassen, wünscht sich Salomon einen Fixpunkt: eine Mitte, die dem Vielerlei des alltäglichen Regierungsgeschäftes einen ruhenden Pol zu geben vermag. Deshalb spricht er bewusst die Bitte aus: „Schenke deinem Diener ein hörendes Herz". Wenn er die Welt mit dem Herzen wahrnimmt, das ahnt Salomon, dann ist er der Weisheit Gottes näher gekommen. Mit dieser Einsicht wird er Recht behalten. Denn die „salomonische Urteilskraft" des Königs sollte Geschichte machen.

Welche Bitte hat wohl in den letzten Wochen und Tagen unser Primiziant an Gott gerichtet, als der lange Weg zum Priestertum für ihn in die Zielgerade mündete? Ist es unserem Neupriester Michael vielleicht ähnlich ergangen wie damals König Salomon bei seinem Amtsantritt? „Ich bin noch recht jung und

---

1 Predigt bei der Primiz von Michael Alkofer in St. Josef Ziegetsdorf / Bistum Regensburg am 2. Juli 2006. Der Primiziant war im Freijahr in Rom.

weiß nicht, wie ich mich verhalten soll. Zunächst musste ich Philosophie und Theologie studieren. Dann ging es ins Praktikum. In den Gemeinden bekam ich einen Vorgeschmack auf das, was einem Kaplan und Pfarrer einmal blüht: Als Seelsorger werde ich inmitten eines komplizierten Geflechtes von verschiedenen Gruppen und Strömungen stehen. Zeige deinem Neupriester den richtigen Weg!" Schenke deinem Diener ein hörendes Herz, damit er die Gemeinde zu leiten und Gutes vom Bösen zu unterscheiden vermag (vgl. 1 Kön 3,7–9).

Das Gebet um ein hörendes Herz steht nicht nur am Anfang einer verantwortungsvollen Aufgabe. Das Anliegen ist das inständige Gebet eines jeden, dem vieles anvertraut wurde und der darum weiß, dass er sich maßlos überhebt, wenn er sich nur auf seine eigene Kraft und Stärke verlässt. Zwar dürfen wir heute mit unserem Michael ein großes Fest feiern. Gern stimmen wir mit ihm in den Dank darüber ein, dass ihn Gott zum Priestertum berufen und der Bischof von Regensburg zum Priester geweiht hat. Damit jedoch die Gnade des großen Anfangs einen langen Atem bekommt, legen wir in den Dank auch die Bitte des Salomon für unseren Primizianten hinein: Schenke deinem Diener Michael ein hörendes Herz, damit er seinen Primizspruch ein Leben lang einlöst: „Ex toto corde". Lieber Michael, seien Sie und bleiben Sie Priester „aus ganzem Herzen"!

1. „Aus ganzem Herzen" Priester sein. Dieses Motto ist ansprechend und zugleich anspruchsvoll. Wir alle wissen es: Hören ist oft schwerer als reden. Jeden Tag werden wir mit Geräuschen, Gerüchten und Geschwätz überhäuft. Da stellt sich die Frage: Worauf sollen wir hören? Worauf kommt es wirklich

an? Intensiv hören; durch das Vordergründige hindurch achten auf das, was zwischen den Zeilen liegt; nicht Gesagtes, doch Gedachtes erlauschen; ganz Ohr sein: Das ist die Kunst. Denken wir an manch gutes Gespräch, von dem wir lange gezehrt haben: Da hat mich jemand nicht zugeredet mit seinen eigenen Themen, sondern mein Herz aufgemacht, so dass ich mich aussprechen konnte. Nur wenige Menschen beherrschen die Kunst des Hörens: behutsam, aber treffend nachfragen; dem anderen wie eine Hebamme helfen, die Wahrheit über sich selbst ans Licht zu heben, Wichtiges, Frohes und auch Bedrückendes auszusprechen. Vielleicht ist die Krise des Bußsakramentes auch eine Krise der Beichtväter, die das Lauschen verlernt haben. Lehre unseren Neupriester die Kunst des Hörens! Nicht nur ein sympathischer menschlicher Geistlicher soll er sein, sondern ein aufmerksamer geistlicher Mensch, ein „Hörer des Wortes".

Lauschende Menschen müssen keine grauen Mäuse sein. Sie können Ausstrahlung haben und Wärme verbreiten. Vor allem schenken sie etwas, das mit Geld nicht zu bezahlen ist: Zeit. Schnelle Antworten und platter Trost liegen ihnen fern. Auch sich selbst gönnen hörende Menschen Zeit: Sie lassen das Gespräch geduldig wachsen und achten auf die leisen Töne, die „Bruder Leib" zu ihnen spricht. Kurz: Für die Meister des Hörens zählen nicht nur die äußeren Laute. Sie lauschen zuerst auf ihre innere Stimme. Schenke deinen Dienern ein hörendes Herz.

2. Das Wort „Herz" ist schwer zu gebrauchen. Wir können alles Edle und Tiefe damit sagen und sehen wiederum kaum ein

Wort oder Zeichen so leichtfertig entwertet wie dieses. Die feinsten und reinsten Gefühle möchten wir damit andeuten und darunter wie unter einem Schleier verbergen. Gleichzeitig fühlen wir uns oft abgestoßen durch die Blässe und Oberflächlichkeit innerer Gehalte, die das Wort „Herz" vortäuschen soll, manchmal auch in der Sprache der Frömmigkeit. Das Herz ist der Inbegriff des Geheimnisses, und vielfach geben wir nichts so leicht preis wie eben dieses Geheimnis. Kein Ort der Schöpfung ist so zertreten wie das Menschenherz. Darum tut eine Besinnung auf das Herz not. Nicht umsonst rät uns die Heilige Schrift: „Mehr als alles behüte dein Herz. Denn von ihm geht das Leben aus!" (Spr 4,23).

Jedes Menschenherz ist gleichsam ein Wort Gottes. Gott hat es als Geheimnis hineingesprochen in die Mitte eines jeden von uns, als innersten Kern eingesenkt in den Leib seines Geschöpfes. Gerade hinter einer harten Schale versteckt sich oft ein weicher Kern, ein feinfühliges Herz. Es ist schade, dass Denken und Fühlen, Geist und Herz oft gegeneinander gestellt werden. Hier wird getrennt, was im Schöpfungsplan Gottes zusammengehört. Denn unser Herz kennt nicht nur dunkle Abgründe, sondern auch tiefe Gründe, die dem Verstand verborgen bleiben. Romano Guardini hat es treffend entfaltet:
„Herz ist nicht Ausdruck des Emotionalen im Widerspruch zum Logischen, nicht Gefühl im Widerspruch zum Intellekt, nicht ‚Seele' im Widerspruch zum ‚Geist'. Herz ist der vom Blut her heiß fühlend gewordene, aber zugleich in die Klarheit der Anschauung, in die Deutlichkeit der Gestalt, in die Präzision des Urteils aufsteigende Geist. Das Herz ist Geist in Blutnähe."

(*Christliches Bewusstsein. Versuche über Pascal*, München 1956, 186 f.). Deshalb gibt es auch eine „Logik des Herzens".

Wer auf sein Herz hört, ist weder schwach noch muss er sich schämen. Im Gegenteil: Er ist kein Sklave naiver Gefühlsdusselei, sondern ein Meister der Menschlichkeit, gereift im christlichen Glauben. Freilich fällt es mitunter schwer, die rechte Mitte zu treffen: das Herz zu härten für das Leben und es weich zu halten für das Lieben. Aber in jeder schwierigen Aufgabe liegt ja der Reiz, sie zu lösen. So wünschen wir unserem Neupriester: Wenn Sie zuhören, dann hören Sie mit dem Herzen. Wenn Sie sprechen, lassen Sie bitte auch Ihr Herz sprechen. Denn Gott legt das Maßband nicht um den Kopf, sondern um das Herz.

3. Das Herz ist auch der Ort, an dem sich wichtige Entscheidungen zutragen. Wofür unser Herz schlägt, da liegt auch unser Schatz. Damals wie heute geht uns bei der Weiheliturgie eine Handlung besonders nahe: Die Kandidaten strecken sich am Boden aus; sie werfen sich nieder vor Gott, werden vor Ihm „null und nichtig", damit Er ihr „Ein und Alles" werden kann. Als Priester haben wir uns Gott verschrieben, dem Schatz unseres Lebens. Dafür geben wir manch kleine Schätze preis und geloben Gehorsam gegenüber dem Bischof, Zuwendung zu den Armen und ein eheloses Leben, das – wenn es ehrlich ist – Keuschheit bedeutet. Die Treue in diesen Versprechen erfordert den Schutz des Gebetes: Schenke uns, deinen Dienern, ein hörendes Herz! – Was heißt das konkret?

Gehorsam bedeutet Machtverzicht. Die einen meinen: Wissen ist Macht. Andere denken: Man kann doch nicht leben ohne Titel und Mittel, ohne Einfluss und Position. Für einen Priester sollte klar sein: Es geht doch! Nicht mehr: *Cogito, ergo sum.* Ich denke, also bin ich. Sondern: *Amor, ergo sum.* Ich bin (von Gott) geliebt, also bin ich. Das ist der Sinn meines Lebens. Mit meinem Wissen kann ich Bücher füllen. Aber Gott erwartet mehr von mir: Er will mit seiner Weisheit mein Leben erfüllen.

Zölibat bedeutet Verzicht auf sexuelle Verwirklichung. Die Ehe ist ein hohes Gut. Wir verdanken unseren Eltern viel, neben dem Leben oft auch den Glauben. Aber Ehe und Familie, Intimität und Elternglück sind nicht alles. Selbst christliche Ehen sind nicht immun gegenüber Scheitern und Scheidung. Deshalb setzen wir Priester durch unsere Lebensform ein prophetisches Zeichen: nicht um uns weder binden noch bevormunden zu lassen, sondern um des Himmelsreiches willen. Wer sich für diese Lebensform entschieden hat, dem liegt es fern, menschlich ein Kühlschrank zu sein. In der Nähe eines Priesters sollen die Menschen nicht erfrieren, sondern sich wärmen dürfen. Denn die zölibatäre Lebensform hat dann ihren Sinn, wenn sie etwas von der Herzlichkeit Gottes überspringen lässt und ein Zeichen der Solidarität zu jenen setzt, die – aus welchen Gründen auch immer – ohne Partner durchs Leben gehen.

In *Armut* leben möchte keiner gern. Wir brauchen etwas zum Leben. Wir haben es schwer mit diesem evangelischen Rat, gerade wir sog. „Weltpriester". Denn wir können nicht einfach aus der Haut dieser Welt schlüpfen, *in* der wir sind, ohne *von* ihr zu sein (vgl. Joh 17,16). Aber wir können kleine Zeichen setzen, die bedeuten: Nichts gegen das Geld, nichts gegen ein Auto, nichts gegen Besitz. Aber wenn das alles ist ...! Der Phantasie sind keine

Grenzen gesetzt, wenn es darum geht zu zeigen: Geben ist seliger als nehmen. Es ist kein Kompliment für einen Priester, wenn man ihn „Herrn Protzig" nennt. Viel liebenswerter klingt da schon, wenn man einem Geistlichen den Spitznamen „Bruder Franziskus" gibt. Schenke deinem Diener ein hörendes Herz!

4. Nicht nur der Mensch, auch Gott hat ein Herz. Er hat uns sein Innerstes gezeigt. Aus dem Schoß seines Herzens ging sein eigener Sohn hervor: „Gott hat die Welt so sehr geliebt, dass er seinen einzigen Sohn hingab" (Joh 3,16). Jesus Christus ist das spürbar gewordene Herz des Vaters, das alle an sich ziehen möchte. Als es vollbracht war (vgl. *Joh* 19,30), wurde offenbar, was Jesus auf seinem irdischen Lebensweg täglich tat: Er hielt sein Herz offen für alle, die Trost und Beistand suchten. Seitdem der Soldat das Herz des Gekreuzigten mit der Lanze durchstach, ist uns ein Gnadenstrom erschlossen, aus dem wir bis heute schöpfen dürfen: Wasser und Blut, Taufe und Eucharistie, die Grundsakramente der Kirche. Hier wird deutlich: Weder die angenagelten Hände und Füße, noch das dornengekrönte Haupt, noch der gegeißelte Leib allein hätten uns erlösen können, wenn das nicht alles umfangen wäre vom liebenden Herzen Jesu, das für die Menschen schlägt, für alle und jeden, immer und überall. Jesus, bilde unser Herz nach deinem Herzen!

Lieber Michael, ich habe Sie als einen jungen Mann kennen gelernt, dem die Feier des Gottesdienstes besonders am Herzen lag. Mit Ihrem Primizspruch rückt dieses Anliegen noch einmal in ein neues Licht. Besonders dann, wenn Sie Eucharistie feiern, handeln Sie *in persona Christi*, in seinem Auftrag und in seinem Namen. Was für den Herrn gilt, trifft auch für Ihr priesterliches Wirken zu: Wie fleißig Ihre Hände wirken, wie weit Sie Ihre Füße tragen, was Ihr Kopf ausdenkt und ersinnt, was immer Ihr Mund ausspricht: alles soll Ausdruck Ihres Herzens sein – eines Herzens, das offen steht für Gott und die Menschen, die Sie brauchen.

Wenn Sie jetzt *mit* uns und *für* uns die Eucharistie feiern, dann tragen Sie die Ihnen Anvertrauten im Gebet zu Christus: Schenke den Menschen in unseren Gemeinden ein hörendes Herz! Schenke meinen Freunden, meinen Mitbrüdern und Angehörigen, meinen Eltern ein hörendes Herz!
Sie können sicher sein: Auch wir lassen Sie mit unseren Gebeten nicht im Stich. In wenigen Augenblicken laden Sie uns ein: „Erhebt eure Herzen!" Nicht unseren Kopf sollen wir Christen hoch tragen (am wenigsten wir Priester!). Das Herz sollen wir erheben – das fröhliche und betrübte, das heitere und verbitterte, das offene und das verschlossene – und es dem Herrn entgegenhalten.
Kann es für das „*Sursum corda*" eine bessere Patin geben als die Mutter Maria, der wir Priester uns besonders anvertrauen dürfen! Die Heilsgeschichte hat sich gewendet, als Gabriel zur neuen Eva „*Ave*" sagte: „Gegrüßet seist du, Maria" (vgl. Lk 1,28). Für den Sohn Gottes hat sie nicht nur ihren Schoß geöffnet, sondern vor allem ihr Herz.
So ist dieser festliche Tag auch ein Anlass, auf die Fürsprache der Gottesmutter inständig um Priester- und Ordensberufungen nach dem Herzen Gottes zu beten: Nicht nach dem Florians-

prinzip: „Verschon' mein Haus, zünd andre an", sondern „ex toto corde", aus ganzem Herzen: Schenke den jungen Menschen in meiner Gemeinde, in meinem Freundeskreis, in meiner eigenen Familie ein hörendes Herz. Amen.

Ich möchte Jesus sehen können![1]

„Wenn du ein Herz hast, wirf das Auge fort, und du wirst sehen."

Dieses asiatische Sprichwort sagt uns, was „schauen" ist. Zwar endet diese Lebensweisheit mit dem Wörtchen „sehen", aber es ist eindeutig hinbezogen auf das Herz. Wenn du ein Herz hast, wirf das Auge fort, und du wirst sehen. Das Auge kann weggeworfen werden, wo das Herz schlägt. Schauen ist anders und mehr als nur Sehen. Es ist mehr und anders als ein Aufnehmen von bloßen Sinneseindrücken, als ein Aufsammeln von Geschehenem. Das Knipsen von Fotos und das Aufzeichnen von Videos, das Aufzählen von vielem, was man gesehen hat im Museum, auf der Ausstellung, auf einer Reise – das alles ist nicht Schauen.

Diese Weisheit könnte auch unser verstorbener Priester Peter Baintner bestätigen. In den letzten Jahren hat sich immer mehr verschärft, was ihn schon als jungen Menschen beeinträchtigte: seine Sehschwäche. Das Augenlicht nahm ab, doch mit dem Herzen hat er weiterhin gut gesehen. „Man sieht eben nur mit dem Herzen gut, das Wesentliche ist für die Augen unsichtbar." Es ist kein Zufall, dass wir heute die Heilung des blinden Bartimäus

---

1 Predigt beim Requiem für den Altgermaniker Pfarrer Peter Baintner am 24. Januar 2015 in Westheim bei Augsburg. Als Evangelium wurde verlesen Mk 10,46–52.

gehört haben. Ein ungewöhnliches Evangelium für ein Requiem, doch echte Frohe Botschaft im Spiegel der Persönlichkeit und Biographie von Pfarrer Peter Baintner. Die Geschichte ist mehr als ein medizinisches Wunder. Unsere Sprache verrät, was eigentlich damit gemeint ist. Sie weiß um das breite Spektrum dessen, was blind sein bedeuten kann: wenn wir z.B. Jugendliche hören, die von jemandem sprechen, der es „auf keinem Auge blickt", während ein anderer ihrem Urteil nach „den vollen Durchblick schiebt". Da geht es um viel mehr als um das gute Funktionieren der Augen. Wir sprechen davon, dass „uns die Augen aufgegangen sind", oder dass einer „mit Blindheit geschlagen ist". Einem anderen „fällt es wie Schuppen von den Augen". Wir erinnern uns an Situationen mit Menschen, die „blind waren vor lauter Wut". Da ist einer „weitsichtig", ohne dass dies mit seiner Brille zu tun hat. Wir durchleben Momente, die „aussichtslos" scheinen.

Der letzte Satz des Evangeliums lautet: „Er konnte wieder sehen und folgte Jesus auf seinem Weg." In ihm ist ein Wunder geschehen, nicht nur an seinen Augen. Er ist ein Schauender geworden. Die Lebenssicht hat sich geändert. Das Leben hat „Perspektive", neuen Durchblick bekommen.

Merken wir, wie auf der Folie des Evangeliums auf einmal das Leben von Peter Baintner lebendig wird? Gehen wir die wichtigsten Stationen noch einmal nach! Geboren wurde Peter Baintner am 10. November 1950 in Augsburg. Sein religiöser Mutterboden war das gläubige Elternhaus, der Dünger die Pfarrei St. Ulrich und Afra, in deren Schatten er aufwuchs. Gerade der Ministrantendienst hat Peter sehr geprägt. Nahe am Allerheiligsten zu sein, gleichsam „an der Quelle zu sitzen", war für ihn eine große Freude. Auch die Religionslehrer am Holbein Gymnasium haben im Herzen des „Ulrichers" Peter Baintner tiefe Spuren hinterlassen.

Mit Neugier machte sich der neuzehnjährige Peter 1970 auf den Weg nach Rom, um sich am Päpstlichen Kolleg Germanicum et Hungaricum sowie an der Gregoriana menschlich, geistlich und theologisch zum Priester formen zu lassen. Dabei blieb Peter Mensch mit Leib und Seele: Gern erzählte er, was ihm das liebste Geschenk war, das Gäste aus der Heimat ihm nach Rom mitbringen sollten: einen Kasten Weizenbier. Am 10. Oktober 1976 empfing Peter Baintner in Rom die Priesterweihe. Nach dem Lizentiat in Theologie kehrte er in sein Heimatbistum Augsburg zurück, um als Kaplan in Augsburg St. Max und anschließend als Benefiziat in Vöhringen zu wirken. 1987 ließ er sich hierher nach Westheim senden, wo er bis zu seinem plötzlichen Tod als guter Hirte tätig war. Spricht es nicht Bände, wenn Westheimer sagen: „Er ist einer von uns geworden." Hirt und Herde: füreinander – miteinander. Pfarrer Baintner ist ein Westheimer geworden, nicht zuletzt auch deshalb, weil seine Eltern nach Westheim umzogen, ihre letzten Jahre im hiesigen Notburgaheim verbrachten und auf dem Westheimer Friedhof ihre letzte Ruhestätte fanden.

Viele Ereignisse und Erlebnisse zeichnen die 28 Jahre aus, in denen Peter Baintner in Westheim lebte und wirkte. Er war Wegbegleiter von der Wiege bis zur Bahre. Im Pfarrbrief zu seinem 25. Ortsjubiläum kann man lesen: „Bei den persönlichen Anlässen – wie Taufe, Hochzeit und Beerdigungen – findet er immer die richtigen, zu Herzen gehenden Worte, bei denen die Betroffenen innerlich berührt werden und so Anteilnahme und Trost besonders nachhaltig verspüren." Kann man es besser formulieren?

Wenngleich Peter nicht mehr viel lesen und studieren konnte, seine Bibliothek war das Herz. Und wovon das Herz voll ist, davon quillt der Mund über. In freier Rede hat Peter Baintner das Evangelium seiner Gemeinde verkündet, und dabei rückte er immer wieder die Barmherzigkeit in den Mittelpunkt. In einer Predigt über Petrus, seinen Namenspatron, stellte er die Frage: Wie hat wohl Jesus Petrus angeschaut, nachdem dieser ihn verleugnet hatte? Für Peter war klar: Jesus blickte seinen Petrus an mit gütigen und warmen Augen. Diesem gütigen Blick Jesu empfehlen wir auch Peter Baintner an. Jesus möge ihm das viele Gute vergelten, das er getan hat als Mensch, als Christ, als Priester. Und er möge das noch ergänzen, was auch in Peters Leben bruchstückhaft geblieben sein mag.

Einen besonderen Dank möchte ich allen aussprechen, die durch ihr Engagement und ihre Hilfe den priesterlichen Dienst von Peter Baintner gerade in den letzten Jahren so tatkräftig unterstützt haben – im dienstlichen wie im persönlichen Bereich. Pfarrer Baintner konnte Hirte sein, weil er sich auf seine Schafe verlassen und stützen konnte. Vergelt's Gott dafür! Auch seinen Bruder Alfons mit seiner Frau Martina möchte ich erwähnen. Gerade nach dem Tod der Eltern sind Sie Ihrem Bruder und Schwager noch mehr zur Seite gestanden.

Kehren wir nochmals zum blinden Bartimäus zurück. Jesus fragt ihn: Sag mir: Was soll ich dir tun?" „Meister", antwortet der Blinde, „ich möchte wieder sehen können." Das ist unser aller Sehnsucht: sehen können! Ein Ziel haben! Die Wirklichkeit sehen, wie sie ist – im Lichte Gottes!

Jesus hat den Blinden angeschaut: den Bettler, der nicht nur um Almosen bat, sondern um Ansehen und Anerkennung. Peter Baintner, obwohl oder gerade weil selbst fast erblindet, konnte diesen Wunsch besonders gut nachempfinden. Er war ein gottverbundener und zugleich menschennaher Geistlicher. Er hat gekämpft, sein körperliches Leiden anzunehmen und sich damit auf die Seite derer gestellt, die auch ihr Päckchen zu tragen haben. Sein Primizspruch wurde für ihn immer mehr zum Lebensmotto: „Allen bin ich alles geworden, um auf jeden Fall einige zu retten. Alles aber tue ich um des Evangeliums willen, um an seiner Verheißung Anteil zu haben." (1 Kor 9,22 f.).

Noch etwas erschließt uns der blinde Bartimäus: Eine frühe Handschrift hat in den Wunsch des Bettlers ein kleines Wörtchen eingefügt – ein Wort, das eine ungeheure Verwandlung bewirkt. Bartimäus sagt nicht mehr nur: „Ich möchte wieder sehen können." Er bittet: „Ich möchte *dich* wieder sehen können." Ist das nicht eine wunderschöne Deutung, eine Interpretation über das irdisch-äußerliche Sehen hinaus in ein Hinüberschauen auf ein Leben, das uns Johannes so beschreibt: „Wir werden ihn sehen, wie er ist" (1 Joh 3,3)?

Auch das gehört in das Wunder, das in Bartimäus geschah: Gott wieder sehen dürfen im eigenen Leben. Wie das Kind sich freilässt und freispielt unter dem Blick der Mutter, so können wir uns freilassen unter dem Blick Gottes. Wir können Menschen und Dinge freilassen im Wissen darum, dass wir sie nicht verloren, sondern neu gewonnen haben: unter Gottes Blick. Wir können die Vergangenheit ohne Bitterkeit anschauen und mit Gelassenheit den Blick in die Zukunft wagen, weil uns eine neue Sicht geschenkt ist, auch wenn wir nicht wissen, was die nächste Zeit für uns bringt. Aber Eines wissen wir: Gott blickt tiefer, Gott schaut weiter als wir.

„Ich möchte dich wieder sehen können." Die klassische Theologie, die Peter Baintner in Rom gelernt hat, nennt das „visio beatifica", seligmachende Schau. So dürfen wir diese Bitte unserem Verstorbenen heute in den Mund legen. Das Augenlicht hat am Ende versagt, aber Christus, das Licht, ist ihm hoffentlich im Herzen aufgegangen: „Peter, komm! Geh ein in die Freude deines Herrn."

Mobilmachung für Jesus und sein Evangelium

Geistesblitze für eine Seelsorge im Umbruch

Im Hinblick auf die Kirche im Umbruch wird heute gern auf die „Heimat" und die „angestammte Pfarrei" gepocht. Dieses Beharren ist gegenläufig zu einer anderen Tendenz: Während Menschen stundenlang zu einem Kulturereignis oder zu einem Sport-Event fahren, sind sie oft nicht bereit, ein paar Kilometer in Kauf zu nehmen, um die Eucharistie mitfeiern zu können. Gleichzeitig gilt es aber dafür Sorge zu tragen, dass „die Kirche im Dorf" bleibt. Vor dem Hintergrund der Kirchenkrise, die eigentlich eine Glaubens- und Gotteskrise ist, soll gezeigt werden, dass es ein bisschen Phantasie und Mobilität braucht, damit die Kirche auf dem Land lebendig bleibt. Freilich haben wir Grund zur Besorgnis, aber keinen Anlass zur Panikmache: Lassen wir die Kirche im Dorf! Es gibt Inspirationen, die helfen, dass auf dem Land kein kirchliches Vakuum entsteht.[1]

Jesus von Nazareth und Saulus von Tarsus. Christus und Paulus: zwei Gestalten, die sich auf dieser Erde persönlich nicht kennen

---

[1] Die folgenden Gedanken wurden seit 2011 im Hinblick auf die „Raumplanung 2025" an verschiedenen Orten im Bistum Augsburg vorgetragen.

lernten, die aber immer wieder miteinander verglichen und zueinander gestellt werden. Der eine Sohn Gottes, der andere sein spät berufener Apostel; beide stehen an der Wiege der Kirche, in je unterschiedlicher Weise: der eine als ihr Herr, Hirt und Haupt, der andere als Diener und Werkzeug zur Ausbreitung des Evangeliums. Ein Unterschied zwischen Jesus und Paulus wird manchmal übersehen, bleibt unbeachtet, wird unterschätzt. Ich meine ihre Herkunft aus verschiedenen sozialen Räumen: eine Tatsache, die sich auch in der jeweiligen Art ihrer Pastoral niederschlägt.

Jesus ist **Landmensch**. Das zeigt sich nicht nur in seiner Herkunft und seiner Biographie. Das spiegelt sich auch wider in seiner Weise, über das Reich Gottes zu predigen: Er nimmt gern kleine Dinge in die Hand, um uns die Gesetze des Himmelreiches nahe zu bringen. Er erzählt vom Sämann und von den Samenkörnern, vom reichen Kornbauern und dessen vollen Scheunen, vom guten Hirten und den Schafen. Schon seit seiner Geburt haben die Tiere der Bauern einen Stammplatz bei ihm: der Ochse und vor allem der Esel, auf den er sich setzt, um Einzug zu halten in der heiligen Stadt, wo die eigentliche Musik der Macht spielt in religiöser und politischer Hinsicht. Wenn es um Gelassenheit und Zuversicht geht, dann betrachtet Jesus die Vögel des Himmels und die Lilien des Feldes. Den Schutz Gottes vergleicht er mit dem liebenden Blick, den der Schöpfer auf ein paar kleine Spatzen wirft. Geld ist Jesus nicht so wichtig: So trennt er säuberlich zwischen den Münzen, die des Kaisers Abbild tragen, und der Währung, die vor Gott zählt. Wenn Jesus doch einmal ausdrücklich vom Geld spricht, dann sind es kleine Beträge: die verlorene Drachme, die der Hausfrau wertvoll ist, und die paar Pfennige, die eine Witwe in den Opferstock wirft und damit ihr ganzes Leben in die Waagschale legt.

Paulus ist **Stadtmensch**. Das verraten seine Bilder, in die er seine religiösen Botschaften packt. Ob er auch praktisch sportlich war, wissen wir nicht. Dass er sich aber theoretisch in der Welt des Sports auskennt, beweisen seine Vergleiche, wenn er z. B. das Zeugnis der Christen mit dem Auftritt von Sportlern im Stadion vergleicht: Die Christen sollen fit sein, sie sollen trainieren, dass sie im Wettlauf der Religionen in der Arena der pluralistischen Gesellschaft den Sieg erringen! Dass Paulus in der Stadt zu Hause war, darauf deutet auch die Note hin, dass die Christen ein guter Duft, Wohlgeruch sein sollen. Paulus holt die Stadtmenschen dort ab, wo sie gern hingehen: ins Stadion oder in die Parfümerie und verknüpft damit Aussagen über den Glauben. Schließlich greift Paulus auch das Bild vom Leib auf, um damit zu erklären, was Kirche ist: eine „Körperschaft", ein Organismus. Das Bild vom Leib war gebräuchlich für Staaten und Städte. Wie es Stadt- und Staatsorgane gab, so braucht auch der Leib Christi, die Kirche, verschiedene Organe, damit er lebt.

Jesus und Paulus, der Landmensch und der Stadtmensch. Der eine pendelt hin und wieder zwischen Galiläa und Jerusalem, der andere durchquert die damals bekannten Länder und Meere. Die beiden großen Gründergestalten an der Wiege des Christentums führen uns ein in eine Thematik, die uns nicht nur gesellschaftlich und politisch, sondern auch kirchlich sehr bewegt: Es geht um die Pastoral in den verschiedenen Räumen; es geht um unsere pastoralen Räume. Leider habe ich mitunter den *Eindruck, dass wir versucht sind, Stadt- und Landpastoral dualistisch einander gegenüber zu stellen.*

Eine solche Antithetik ist zu holzschnittartig. Dass der ländliche Raum eine Diözese, die bei relativ wenigen größeren Städten eine weite Ausdehnung hat und über 1000 Pfarreien zählt,[2] besonders interessiert und besorgt, ist klar und verständlich. Aber wir sollten uns nicht nur in Emotionen ergehen, sondern schauen, was wirklich ist. Rainer Bucher hat sich mit der Zukunft der Kirche auf dem Land beschäftigt und beschreibt die Entwicklung so: „Das Land bleibt nicht Land, wird aber auch nicht Stadt, es wird etwas Drittes, und was das genau ist – reicher Speckgürtel oder Armenhaus, Zuzugs- oder Wegzugsgebiet – das steht im Einzelfall nicht fest. Gemeinsam ist nur eines: Es ist nicht Stadt." Bei aller Angleichung der Verhältnisse stellt er als Unterschied zwischen Stadt und Land fest: „In der Stadt erlebst du dein Leben. *Das Land ist* kulturell, wirtschaftlich und administrativ schlicht *machtlos*. Es ist nicht unmittelbar arm, aber machtlos. Entscheidungen werden in den Städten getroffen, und zwar auch die über das Land: München, Berlin und natürlich über allem und in allem und mit allem Brüssel. Das sind die Orte der Macht über das Land. Das Land ist Randraum, Entwicklungsraum, Entwicklungs-Land: wird von der Stadt aus regiert, geplant, entwickelt, bespielt. *Das Land ist gegenüber der Stadt tatsächlich strukturell benachteiligt.*"[3]

---

2 Die Rede ist von der Diözese Augsburg, die außer der Bischofsstadt und der „Allgäu-Metropole" Kempten keine größeren Städte aufweisen kann und vorwiegend ländlich geprägt ist.

3 Rainer Bucher, Kristallisationspunkt werden. Zur Zukunft der Kirche auf dem Land, in: neu-Land-Kirche, Landpastorales Symposion, 13.-14. November 2003 in Plankstetten, KLJB Deutschland e.V., Bad Honnef-Rhöndorf 2004, S. 39-48, hier: S. 41; vgl. Franz Schregle, Pastoral in ländlichen Räumen. Wegmarkierungen für eine landschaftliche Seelsorge (= Studien zur Theologie und Praxis der Seelsorge 77), Würzburg 2009.

Was die Soziologie feststellt, spiegelt das kirchliche Leben wider. Das Land wird von der Stadt aus regiert. Der Bischof sitzt in der Stadt, das Ordinariat tagt in der Bischofsstadt, und die Seelsorgeeinheiten, Pfarreiengemeinschaften und Dekanate müssen funktionieren, koordiniert von den Abteilungen des Bischöflichen Ordinariates, diese wiederum moderiert vom Generalvikar in der Bischofsstadt. So bleiben kritische Stimmen gerade aus dem ländlichen Raum nicht aus, wenn es um die Bewertung des Konzepts der Pfarreiengemeinschaften geht, das in zahlreichen Bistümern bei den gegenwärtigen Strukturreformen favorisiert wird. Es sei nur „Mangelverwaltung" angesichts der schwindenden Zahl von Priestern und „Mogelpackung", die etwas verspricht, was sie nicht halten kann.

Doch so schlecht, wie sie geredet werden, sind unsere Pfarreiengemeinschaften nicht. Sie wahren den Eigenstand der Landpfarreien und die örtlichen Traditionen, in denen die Pfarrei als „Netzwerkerin" fungieren kann. Sie eröffnen neue Möglichkeiten der Vernetzung mit anderen Institutionen wie Caritas, Verbänden, Orden und geistlichen Gemeinschaften. Sie sind eine Chance für ein fruchtbares Miteinander von Kirche, Kommune und ländlicher Zivilgesellschaft. Ältere Pfarrer können sich von Leitungsaufgaben entlasten und trotzdem im Rahmen ihrer Möglichkeiten seelsorglich mitwirken.

Trotzdem muss ich ein Ausrufezeichen setzen: Die **Pfarreiengemeinschaft**, die als Seelsorgeinheit das Webmuster unserer vielfältigen Diözese ist, besteht nicht darin, dass wir die Angebote immer mehr vervielfältigen. Wie lange eigentlich noch wollen wir unsere Priester „strecken und dehnen"? Wie lange noch halten das unsere jüngeren Mitbrüder aus? Wie lange noch lässt sich die Forderung halten: „Die Kirche muss im Dorf bleiben"? Damit wir uns recht verstehen: Auch ich meine, dass die Kirche im Dorf bleiben sollte. Aber das kann nicht bedeuten, dass unter jedem Zwiebelturm jeden Sonntag Eucharistie gefeiert wird. Kirche im Dorf lassen heißt: mit einer Wahrheit der alten Kirchenväter wieder ernster machen: *Unsere Familien sind kleine Kirchen, „Hauskirchen":*[4] Wie steht es um das Gebet in unseren Familien? Beten Eheleute miteinander und füreinander? Sind unsere Familien Gebetsschulen für die Kinder? Können Jugendliche daheim über ihren Glauben, aber auch über ihre Zweifel und Kritikpunkte reden? Kirche im Dorf lassen heißt für mich auch: das Netzwerk der Caritas weiter ausbauen. *Das Netz der Nächstenliebe möglichst engmaschig knüpfen:* Diese Aufgabe lässt sich nicht delegieren an ein Büro eines Verbandes, der Caritas heißt: Wir alle sind gerufen, an der Nächstenliebe zu knüpfen und selbst Knotenpunkt zu sein. Dabei geht es um ganz einfache Dinge: Nachbarschaftshilfe, Krankenbesuchsdienst, Assistenzen für Behinderte und Bettlägerige. Könnte es für die Zukunft nicht auch ein Dienst der Caritas sein, einen *Fahrdienst einzurichten für Menschen, die gern am Sonntag die Eucharistie feiern würden,* aber – aus welchen Gründen auch immer – nicht zur jeweiligen Kirche gelangen können? Wir sind so erfinderisch, um Veranstaltungen, die uns wichtig sind, zu besuchen. Aber warum fehlt es uns an Kreativität, ein paar Kilometer zu überwinden, um die hl. Messe mitzufeiern? Eucharistie soll ein

---

4 Vgl. die Untersuchungen von Hans-Josef Klauck, Hausgemeinde und Hauskirche im frühen Christentum, Stuttgart 1981; ders., Gemeinde zwischen Haus und Stadt. Kirche bei Paulus, Freiburg-Basel-Wien 1982.

Fest sein. Ist es noch ein Fest, wenn der Priester von einer Messe zur anderen hetzt? *Zwei Aufgaben zeichnen den Dienst des Pfarrers besonders aus:* Die Verkündigung des Wortes Gottes, insbesondere durch die Predigt an Sonn- und Feiertagen sowie die Sorge, dass die Eucharistiefeier zum Mittelpunkt der Gemeinschaft der Gläubigen wird (vgl. CIC can. 528, §1.2).

Als Mitglied einer Ordinariatskonferenz in der Stadt weiß ich, welcher Spagat gefordert ist, um den ländlichen Raum zu würdigen. Gemäß der sakramentalen Struktur der Kirche hängt ihre Identität an der Präsenz eines geweihten Gemeindeleiters, des Pfarrers vor Ort. Da jedoch der Bischof nur noch für die Seelsorgeeinheit und nicht für die einzelne Dorfgemeinde einen geweihten Priester entsenden kann, stellt sich uns die Hausaufgabe, Formen zu finden, die der sakramentalen Struktur der Kirche ebenso gerecht werden wie dem Wunsch, die Kirche im Dorf zu lassen. Wenn es früher hieß, die Kirche ist das Herz des Dorfes, so möchte ich das Diktum erweitern: Ich wünsche mir, dass *die Kirche die Seele des ländlichen Raumes* sei. Anders gesagt: Das Zweite Vatikanische Konzil hat uns eingeladen, auf die „Zeichen der Zeit" zu achten. Vielleicht ist es heute genauso wichtig, die *„Zeichen des Raums"* zu beachten: Seelsorge nicht nur „kairologisch" (griech: *kairos*) zu sehen, sondern auch „spatiologisch" (lat. *spatium*). Das heißt praktisch: Seelsorge meint nicht nur, die Menschen in ihrer zeitlichen Lebensgeschichte zu begleiten, sondern ihnen auch zu helfen, „ihren Platz im Leben zu finden", d. h. zu wissen, „wo man hingehört" in der Kirche.

Wie steht es dabei um den ländlichen Raum? Können Frauen und Männer, Kinder, Jugendliche und Senioren im ländlichen Raum ihren Platz in der Kirche finden? Könnte es sein, dass Gottes Handeln sich anders „verräumlicht", als es die derzeitigen kirchlichen Räume zulassen? *Stellen wir vielleicht manche Räume zu mit unseren selbstgemachten Ideen und Konzepten?* Diese Fragen sind umso bedenkenswerter, je ernster wir die Tatsache nehmen, dass Jesus selbst aus dem ländlichen Raum stammte. Doch er hat es sich im ländlichen Raum Galiläa nicht gemütlich gemacht, er beharrte nicht auf seinem „angestammten Ort" Nazaret. Jesus war mobil. Und die Menschen bewegten sich, um ihn zu sehen und zu hören. Ich wünsche uns eine Mobilmachung für Jesus und sein Evangelium!

Pastorale Zahlenspiele[1]

Geschichten, die das Leben schreibt, sind spannend. Über dem ganzen Fischerbericht liegt etwas seltsam Schwebendes, fast Unrealistisches. Ein Fremder sagt den erfahrenen Fischern, die Netze noch einmal auszuwerfen. Und sie tun das Unsinnige. In der Nacht, der eigentlich günstigen Fangzeit, fangen sie nichts; am hellen Tag füllen sich die Netze. Der Fremde fragt, ob sie etwas zu essen haben und sendet sie zum Fischfang aus. Als sie ans Ufer kommen, ist schon zu essen da! Man wird nur dann Zugang zu diesem Evangelium finden, wenn man sein Sprachspiel versteht. Es ist die Sprache des Symbolischen. Wenn wir so seine Tiefe des Textes ausleuchten, gewinnt er Sinn und Bedeutung.

Es beginnt mit der Nennung von sieben Jüngern. Das ist die Zahl der Fülle. In der Apokalypse werden Sendschreiben an sieben Gemeinden genannt: Damit ist die ganze Kirche gemeint. Mit Petrus, der den Herrn verleugnet hat, und mit Thomas, dem Patron der Zweifler, fängt die Liste an. Danach folgt Natanael, der am Anfang des Johannes-Evangeliums das erste große Glaubensbekenntnis abgelegt hat: „Du bist der Sohn Gottes, du bist der König in Israel!" (Joh 1,49).

---

1 Kurzbetrachtung zur Erscheinung des Auferstandenen am See von Tiberias
 Joh 21,1-14.

Schon hier wird die Atmosphäre eingefangen, die in der Luft liegt. Ist sie ein Bild der Glaubensexistenz der Christen und der Gemeinden? Da ist die Nacht auf dem See: mehr als eine zeitliche oder geographische Beschreibung. Die Arbeit der ganzen Nacht mündet in leeren Netzen. Und den Jüngern fehlen die Mitte und das Ziel.

„Ich gehe fischen", sagt Petrus. Was schwingt da alles mit? Das klingt anders als: „Ich gehe einkaufen, ich gehe duschen, ich gehe Eis essen." Da steckt für Petrus und seine Kameraden noch die Zusage Jesu drin: „Von jetzt an wirst du Menschen fangen" (Lk 5,10). Was hat diese Umschulung gebracht? Den Karfreitag auf Golgota, eine Erfahrung, die längst nicht verdaut ist. - „Was machen wir jetzt?" Diese Frage liegt in der Luft und jedem einzelnen von ihnen im Magen. Petrus treibt es um: „Ich muss jetzt etwas tun!" Er war immer schon ein wenig anfällig für action. Bei seinem letzten Auftritt musste das Ohr des Malchus dran glauben. Seine Art, mit Gefühlen, mit Frust und Enttäuschungen umzugehen, war wohl: sauber verdrängen, sich ablenken, sich flüchten in die Arbeit. Darum reißt er die anderen mit: Ich gehe fischen. Doch mit dieser Aktion geht Petrus baden. Es klappt aber auch gar nichts mehr!

So wird aus der Fischergeschichte eine Nachtgeschichte. Das Gefühl der Nacht kann sich auch bei Menschen breit machen, die regelmäßig in die Kirche gehen, die Tag um Tag ihre Pflichtgebete verrichten und in unseren Pfarrgemeinden aktiv sind. Auch Priester sind vor solchen Fragen nicht gefeit: Wo bist du Gott? Volldampf im Leerlauf! Gott ist weg und es wird Nacht: Fischen im Trüben.

Doch dann kommt die Wende: Sie steht „am Ufer". Von daher wandelt sich alles. Vom Ufer her müssen Petrus und seine Mannen handeln und leben. Von da her können sie neu in See stechen, jetzt aber ohne Angst. Denn sie gehen nicht mehr im Eigenentwurf („Ich gehe fischen"), sondern mit Jesu Vollmacht und Sendung. „Werft das Netz auf der rechten Seite aus". Die rechte Seite ist die richtige Seite, die Seite des Lichts, die Seite des „Fischerglücks". Was sie bisher in der Nachtseite getan haben, das sollen sie jetzt auf der Tagseite tun: vom Osterlicht her. In dieser Perspektive wird alles neu. Auf ihrem Tun, das im Trüben fischte, liegt jetzt der Glanz des Osterlichtes. Die Leere wandelt sich in Fülle. Jene Fülle, die von der Zahl 153 angezeigt wird.

Die Zahl 153 ist rätselhaft, aber bedeutungsschwer. Ich lade zu einem Rechenspiel ein: 153 ergibt sich, wenn man 3 mal 3 nimmt und mit 12 mal 12 addiert. 9 + 144 = 153. Könnte es sein, dass 3 für den dreifaltigen Gott steht und 12 die apostolische Kirche, aus Menschen gebaut, meint? Dann hieße die Botschaft der Zahl 153: Wo Gott und Mensch zusammenwirken, da gelingt das Werk. Wo der Mensch nicht sich selbst als Tausendsassa oder kleiner Herrgott aufspielt, sondern Gott ins Spiel bringt, da fährt er einen reichen Fischzug ein. Ich wünsche allen, die ihre Netze für Jesus auswerfen: Petri Heil!

Den Weinberg nicht veruntreuen[1]

Trauben sind etwas Besonderes. Wie der Apfel nicht weit vom Baum fällt, so ist es auch mit den Trauben. Der Weinstock, ein Edelgewächs, trägt zu Recht eine Edelfrucht. So ist ein Weinberg eben etwas anderes als ein Kartoffel- oder Rübenacker. Man muss nur einmal mit einem Hobby-Weingärtner gesprochen haben, dann weiß man: Am Weinberg hängt das Herz. Große Musikstücke sind Themen mit Variationen. Kann es deshalb eine passendere Deutung für das heutige Evangelium geben als jene vom Thema mit Variationen zum Weinberg?

Beginnen wir mit der Melodie, die das Alte Testament zum Thema schreibt. Bei Jes 5,1–7 handelt es sich um einen poetischen Text. Der Prophet Jesaja schlüpft sozusagen in die Rolle eines Liedermachers, eines Straßensängers, der auf einem öffentlichen Platz oder in einer Gastwirtschaft seine Lieder zum Besten gibt: Sensationsgeschichten, Polit-Songs, Herz-Schmerz-Melodien und selbst gemachte Chansons. Heute singt er das Lied von seinem Freund, einem Weinbergbesitzer, der alle Mühe in seinen Weinberg investiert hat und doch ohne Erfolg bleibt. Kein Aufwand ist ihm zu hoch, keine Mühe zu groß, keine Arbeit zu viel. Für leidenschaftliche Liebhaber zählen weder

---

1 Geistliches Wort im Priesterseminar St. Hieronymus am 4. Juni 2012. Biblische Grundlage war der Text Jes 5,1–7.

Zeit noch Kraft. Leidenschaft kennt kein Kalkül. Die Leidenschaft gilt seinem Weinberg: in sonniger Lage angelegt; mit den edelsten Rebsorten bepflanzt; der Boden gepflegt; der Turm in der Mitte; und die Kelter steht schon für die Lese bereit. Aber am Ende, zur Erntezeit, die Stunde der Wahrheit: Ernüchterung. Nichts als verfaulte, stinkende Beeren. Nichts für den Tischwein, geschweige denn für die Spätlese. Zwischen Investition und Ertrag ein eklatantes Missverhältnis! Der Prophet legt den Befund seinen Zuhörern vor. Bitte, bildet euch selbst ein Urteil! Hat der Weinbergbesitzer irgendetwas versäumt? Hat er etwas zu tun vergessen oder unterlassen?

Wo aber alle Möglichkeiten ausgeschöpft sind und trotzdem nichts fruchtet, da ist die Maßnahme des Weinbergbesitzers die einzig richtige, so schwer sie auch fällt: Auflassung des Weinbergs, Rückführung zu Steppe und Weideland. Für eine Edelfrucht ist das Land nicht tauglich. Die Mauer wird eingerissen, der Boden zertrampelt, die Reben überwuchert und der Regen verhindert. Alles war vergebliche Liebesmüh'. Die leidenschaftliche Liebe schlägt um in leidenschaftlichen Zorn. Was der frustrierte Weinbergbesitzer tut, ist einfach vernünftig. Man kann es ihm nicht verdenken. Keiner investiert in einen hoffnungslosen Fall. Die Hörer dieses Liedes können dem nur beipflichten.

Aber ist das alles? Ist denn der Ärger über einen ertraglosen Weinberg ein Lied wert? Hat ein solches Thema überhaupt eine Chance, in die Schlagerparade einzuziehen und zum Hit zu werden? Das will uns nicht recht hinunter. Wo bleibt denn die Sensation? Doch wenn wir uns tiefer einhören in dieses Lied, wenn wir durchhören auf tiefere Schichten, dann wird uns klar, dass es dem Sänger gar nicht so sehr um den Weinbergbesitzer und ein Grundstück geht. Der Prophet möchte keine desolate Wirtschaftsbilanz vorlegen, sondern eine tragische Liebesgeschichte erzählen. Die Jesaja zuhörten, haben das sehr gut verstanden. Denn in Israel war der Weinberg von jeher ein Symbol für die Geliebte. Der Prophet singt also in einer Männerrunde das Lied von der unglücklichen Liebe seines Freundes, der trotz aller Bemühungen nicht ans Ziel kommt und keine Gegenliebe erfährt. Die Zuhörer werden aufgefordert, Schiedsrichter zu spielen, und die Männergesellschaft ist sich einig: Diese Geliebte ist solcher Mühen nicht wert. Mach Schluss mit diesem Verhältnis!

Nur hat die Sache einen Haken. Wir müssen uns noch tiefer einhören in das Lied. Ohne es zu wissen, haben sich die Männer Jerusalems ihr eigenes Urteil gesprochen. Denn der geliebte Freund des Propheten, das ist Gott. Der Weinberg ist das auserwählte Volk, und der Inhalt des Liedes ist das hoffnungslos verfahrene Verhältnis zwischen Jahwe und Israel.
Dieses Volk, Jahwes Augapfel und Liebling, ist der besungene hoffnungslose Fall. Gott hat es erschaffen und erwählt. Er hat ihm alle Hindernisse aus dem Weg geräumt, es geführt, verwöhnt, genährt, beschützt, die Feinde vertrieben, ein Land geschenkt. Aber alles war umsonst. Er hat sich als Partner angeboten, sich auf dieses Verhältnis eingelassen. Es sollte eine Beziehung auf Dauer und mit Zukunft sein. Gott liebt dieses Volk leidenschaftlich. Er ist in die Seinen vernarrt wie ein Verliebter. Darum verzeiht er ihnen immer wieder. Und immer wieder läuft er ihnen nach, und immer wieder startet er noch mal einen neuen Versuch. Am Ende schickt er seinen Sohn und macht sich

selbst zum Narren. Doch alles Mühen und Werben ist umsonst. Je mehr er um die Seinen wirbt, umso spröder tun sie, desto mehr kehren sie ihm den Rücken zu: ein übles, geradezu neurotisches Spiel, das Israel treibt mit seinem Liebhaber-Gott.

Doch es ist noch nicht aller Tage Abend. Das Lied vom Weinberg bekommt seine tiefste Variation durch das Neue Testament. Gott macht mit seinem Volk nicht Schluss – trotz allem. Für Israel entsprach das Land der Weintrauben dem Land der Sehnsucht. Die Rebe mit der Weintraube war das Zeichen, das die Kundschafter aus dem verheißenen Land brachten. „Zu zweit auf einer Stange" trugen sie dem wartenden Volk die Traube entgegen und mit ihr das Versprechen des kommenden Glücks, das die Liebe schenkt. Aber auch im Land der Verheißung muss um das Glück gerungen werden. Nicht das Land, sondern die Weisung des Herrn ist Garant des Glücks. Auf diese Weise wird der Weinberg zu einem Bild der Fülle, aber auch der Zerstörung. Den bösen Winzern (Mt 21,3–46) wird der Weinberg zum Gericht, doch für alle, die sich anwerben lassen zur Mitarbeit, selbst für die Arbeiter der letzten Stunde (Mt 20,1–16), ist er Raum der Lebensfülle.

Der Weinberg als Raum der Lebensfülle. Das Priesterseminar als Ort der Vorbereitung auf den Weinberg, wo für die Menschen das Leben in Fülle wartet. Das ist der Sinn des Seminars: Als einzelne und in Gemeinschaft sollen Sie prüfen, welche Rolle Ihnen ganz persönlich im Weinberg des Herrn zugedacht ist. Mein Gebet für Sie ist, dass Sie nicht zu den Pächtern gehören, die Gott den Ertrag aus dem anvertrauten Leben schuldig bleiben. Ich wünsche Ihnen, dass Sie sich vom Weinbergbesitzer,

Jesus Christus, nicht nur rufen, sondern auch wandeln lassen. Die Arbeiter im Weinberg fallen nicht vom Himmel, sie müssen reifen auf dieser Erde: mit ihr verbunden, ganz menschlich, damit sie einmal begossen durch die Gnade Gottes Früchte des Reiches Gottes bringen: „Bleibt in mir, dann bleibe ich in euch. Denn getrennt von mir könnt ihr nichts tun" (Joh 15,4–5).

Die Jahre der Ausbildung sind Gold wert wie damals, als Israel durch die Wüste zog und ganz mit Gott leben wollte. Das war die wunderbare Brautzeit, die Zeit der ersten Liebe, von der Jeremia spricht: „Ich denke an deine Jugendtreue, an die Liebe deiner Brautzeit, wie du mir in der Wüste gefolgt bist, im Land ohne Aussaat" (Jer 2,2). Ich wünsche Ihnen, dass Ihre junge, erste Liebe zu Gott lange anhält. Sie werden erfahren, dass zur priesterlichen Existenz Korrektheit, Disziplin, Intaktsein in Sitte und Lehre gehören. Doch das ist längst nicht alles. Denn es kann sein, dass nach außen alles in Ordnung ist, dass vieles ins Werk gesetzt wird – und dabei die Gefahr besteht, dass der Leuchter von seiner Stelle gerückt ist, dass das Licht erlischt, dass der Priester (oder schon der Student!) nicht mehr leuchtet aus der lebendigen Mitte, dass er nichts mehr ausstrahlt von seiner ersten großen Liebe. In seiner Abschiedsrede nennt Jesus sich selbst den wahren Weinstock, wir aber sind die Rebzweige: „Wer in mir bleibt und in wem ich bleibe, der bringt reiche Frucht" (Joh 15,5).

„Ich werde an die Liebe deiner Brautzeit denken". Dieses Wort gebe ich euch heute mit, die ihr euch vorbereitet auf die Arbeit im Weinberg des Herrn. Und ich gebe euch auch eine Frage mit - die Frage, die auch mich, wie ich hoffe – mein Leben lang nicht in Ruhe lassen wird: Erste Liebe – was ist das für mich? Nicht nur zeitlich, sondern vor allem, was die Rangfolge anbelangt! Besonders der 1. Johannesbrief hat es mir angetan: „Nicht darin besteht die Liebe, dass wir Gott geliebt haben, sondern dass er uns geliebt hat" (4,10) und: „Er hat uns zuerst geliebt" (4,19). So wird deutlich, dass ich die erste Liebe nicht „machen" kann, sondern ich nur da sein kann, mich gleichsam anwesend machen und mein „Adsum" sprechen darf für die zuvorkommende Liebe Gottes, der mich schon geliebt hat, bevor mir meine erste Liebe überhaupt bewusst geworden ist.

Die erste Liebe muss kein emotionales Zerschmelzen sein. Der Jesuit Alfred Delp, 1945 hingerichtet, hat 1938 in Feldkirch die großen dreißigtägigen Exerzitien gemacht. In seinen Aufzeichnungen lesen wir: „Gott ernst nehmen. Vielleicht ist das meine Formel. Ernst nehmen: seine Gnade, seine Güte, sein Vertrauen, seine Ordnung, seinen Auftrag, seine Berufung, seine Menschen". Gott ernst nehmen, darum ist es Alfred Delp gegangen: „Gott hat es ernstlich mit mir zu tun, und ich muss ernsthaft mit ihm zu tun haben. Er muss mehr in meinem Leben zur Geltung kommen". Und gegen Ende der Exerzitien schreibt er als „kurze Zusammenfassung des vorher Geschriebenen. Die Grundhaltungen meines künftigen Lebens: Gott ernst nehmen – ein großes Herz haben und echt sein vor ihm – ernst nehmen und großzügig bejahen".[2]

Kann man sie schöner ausdrücken als in den Worten dieses Arbeiters im Weinberg des Herrn, die Sehnsucht nach der Bewahrung der ersten Liebe?

---

2 Alfred Delp, Gesammelte Schriften, hrsg. von Roman Bleistein, Frankfurt (2. Auflage) 1985, S. 245- 261, hier: S. 245, 259.

Zwischen Stola und Schürze[1]

Was ist das typische Kleidungsstück eines Priesters? Die einen werden sagen: das Priesterkollar, ob eher deutsch als Oratorianer oder mehr römisch als hoher Stehkragen. Vor allem die junge Generation des Klerus legt wieder besonderen Wert darauf. Die anderen denken an eine schalartige Textilie, die der Priester anlegt, wenn er offizielle Amtshandlungen vollzieht: die Stola.

Die Stola gehört zur Grundausstattung eines Neupriesters. Es ist fast selbstverständlich, dass ein Primiziant von seiner Verwandtschaft oder von seiner Heimatgemeinde eine Stola geschenkt bekommt: diesen um den Nacken gelegten, schmalen, edlen, prachtvollen Schal, oft edel bestickt und mit Silber- und Goldfäden durchwirkt.

Stola: ein Kleidungsstück, dessen Sinn wir näher betrachten wollen. Blicke ich auf die griechische Bedeutung, dann stoße ich auf das Wortfeld von „Schutz" und „Rüstung". Fragen stellen sich: Ist der Priester wesentlich einer, der sich schützen muss? Ist er einer, der unverwundbar sein soll – oder unberührbar? Muss er eisern sein und hart, unbeweglich und unnachgiebig? Ist der Priester vornehmlich dazu da, Bastionen des Glaubens und Räume des Heiligen vor der Welt zu schützen und vor dem Profanen zu verteidigen?

---

1 Predigt am Gründonnerstag 2015.

Wenn ich die lateinische Bedeutung von Stola freilege, dann zeigt sich ein Mann im langen Talar: der Flötenspieler am Fest der Minerva, der Göttin der taktischen Kriegsführung, des Schiffsbaus, des militärischen Wissens und der Strategie. Es ist der kultische Flötenspieler, der sein Instrument zum Klingen bringt, um Krieg und Sieg gebührend zu feiern.

Was haben griechische und lateinische Bedeutung der Stola gemeinsam? Beide stammen aus dem heidnischen Bereich. Religionen haben es an sich, dass sie Orte, Zeiten und Personen absondern und für heilig erklären, d. h. sie aus dem Alltag herausheben und zu etwas Besonderem machen. Es darf nicht an Zeichen fehlen, die das Besondere oder den Herausgehobenen auszeichnen. Beim Priester ist es die Stola. Engelbert Groß hat das sehr pointiert formuliert, wenn er schreibt, dass diese Zeichen signalisieren: „Achtung! Hier ist Verehrung, hier ist Distanz vorgeschrieben. Hier gilt Kniebeuge und hier erscheint Hochwürden. Hier handelt Seine Heiligkeit. Hier sind Abgaben fällig." Fast boshaft klingt das, aber so ganz abwegig ist diese Beobachtung nicht. „Religion ist der Bereich, in dem das ‚Gesetz der Stola' gilt, und das verlangt Hochschätzung und Unterwerfung."[2]

Priester werden hochstilisiert zu heiligen Personen im sakralen Ornat, sie repräsentieren den geheimnisvollen, fernen Gott und bringen ihn gleichzeitig nahe. So hat die Kirche ihre Kleriker mit der Stola eingekleidet.

---

2 Vgl. die wertvollen Inspirationen von Engelbert Groß, Die Kirche der Schürze, in: Christ in der Gegenwart Nr. 15/2014, S. 164; sowie ders., Chiesa del grembiule. Gedanken zum Fest meines Goldenen Priesterjubiläums, in: Klerusblatt. Zeitschrift der katholischen Geistlichen in Bayern und der Pfalz 94/2014, Nr. 4, S. 88f.

Doch bleiben wir nicht bei unserer Analyse stehen. Schauen wir auf Jesus: Er kannte weder Stola noch sonstige besondere Textilien. Sein „Amtszeichen" ist etwas ganz anderes. Ich erinnere an den Bischof von Molfetta Tonino Bello (1935–1993), der mit Blick auf eine Stola schrieb: „Was nicht im liturgischen Kleiderschrank hängt und noch nie einem Priester zur Weihe geschenkt worden ist, davon berichtet das Johannesevangelium in der Erzählung von der Fußwaschung."

„Da Jesus die Seinen liebte, die in der Welt waren, liebte er sie bis zur Vollendung. Es fand ein Mahl statt. Jesus stand vom Mahl auf, legte sein Gewand ab und zog sich eine Schürze (Leinentuch) an. Dann goss er Wasser in eine Schüssel und begann, den Jüngern die Füße zu waschen und mit der Schürze abzutrocknen. – Begreift ihr, was ich an euch getan habe?" (vgl. Joh 13,1.3–5.12)

Das liturgische Kleidungsstück bei der ersten Messe, die Jesus feiert, ist keine Stola, sondern eine Schürze, ein Arbeitskittel. Über die erste Eucharistiefeier heißt es bei Johannes lediglich: „Es fand ein Mahl statt" – nichts von Brot und Wein, nichts von Tischsegen und Wandlungsworten, keine lange Tischrede, keine Regierungserklärung des Messias, sondern Liebe, die sich zeigt in der Fußwaschung und sich wenige Stunden später verströmt am Kreuz. Mitten bei der heiligen Handlung, in der Feier des allerheiligsten Sakraments des Altares, krempelt Jesus die Ärmel hoch, er legt sein Gewand ab und bindet sich eine Schürze um. Der Herr der Kirche leistet Sklavendienst, alles andere als hochwürdig, eher merkwürdig für Petrus, der den Sinn nicht begreift, vor allem aber sehr, sehr liebenswert für uns alle.

Chiesa del grembiule: Kirche der Schürze. Beim Letzten Abendmahl hat Jesus gleichsam als priesterliche Dienstmontur die

Schürze eingeführt. Die erste heilige Messe feiert Jesus im Arbeitskittel. Er gibt sich die Blöße, im Service der Welt zu arbeiten und aufzugehen: Denn bei Johannes ist die Fußwaschung der Kern des Abendmahls. Für den Evangelisten ist das – besser: der Allerheiligste – Jesus mit der Schürze, nicht oben über allen, sondern ganz unten für alle.

Eucharistie und Priestertum stehen in der Spannung zwischen Stola und Schürze. Gerade in der heutigen Zeit, wo wir Richtungskämpfe in der Kirche beklagen, stellen wir fest: Es geht eigentlich um die Frage, wie Liturgie und Diakonie zueinander stehen. Gleichzeitig wird uns Priestern, aber auch allen Gläubigen heute Abend der Spiegel vorgehalten: Wie bringe ich die Schürze Jesu zusammen mit der Stola der Kirche? Wie gehe ich mit der Tatsache um, dass die Stola immer mehr die Schürze verdrängt hat, dass die „Praxis der Schürze" der „Dogmatik der Stola" offensichtlich unterlegen ist? Heutzutage scheint die Stola höher im Kurs zu sein als die Schürze. Haben wir Angst, die Schürze anzulegen, weil sie uns mit dem vermeintlichen Schmutz der Welt in Berührung bringt, weil damit das Risiko verbunden ist, dass wir uns Hände und Füße schmutzig machen?

Heute ist in Rom wieder die Kirche der Schürze am Werk. Papst Franziskus geht erneut in ein Gefängnis, an die Peripherie, er legt sein Messgewand ab und bindet sich eine Schürze um. Er will nicht, dass die Gefangenen vor ihm auf die Knie fallen, sondern er selbst geht in die Knie, um ihnen die Füße zu waschen. Das ist mehr als eine Geste der Liturgie. Papst Franziskus zeigt, was Kirche der Schürze ist:

• einer, der nicht im Apostolischen Palast wohnt, sondern im Gästehaus,

- einer, der nicht mit der Karosse fährt, sondern auch mal den Bus nimmt,
- einer, dessen Worte manchmal rustikal klingen mögen, aber doch verständlich, einladend und freundlich sind.

Vor bald dreißig Jahren hat die Kirche mir die Stola angelegt. Gerade am Anfang war ich mächtig stolz darauf. Im Laufe der Zeit entdecke ich aber immer mehr, dass der göttliche Menschensohn mich in seine Nachfolge gerufen hat, nicht nur um festliche Gottesdienste zu feiern, sondern um im Service der Welt, im Dienst für die Menschen zu arbeiten. Kirche der Schürze: Darum geht es auch und gerade für uns Priester. Allein die Schürze, mit der Jesus beim Abendmahl den Jüngern die Füße wusch, berechtigt uns dazu, die Stola anzulegen und den Menschen in Jesu Namen den Zuspruch zu geben: Das ist mein Leib. Das ist mein Blut. Tut dies zu meinem Gedächtnis.

Papst Franziskus wäscht am Gründonnerstag, 2. April 2015, im römischen Gefängnis Rebibbia Häftlingen die Füße.

**Von Prälat
Dr. Bertram Meier**
ist im Kunstverlag Josef
Fink außerdem erschienen:

Der Dom predigt
64 Seiten, 14 Abb.,
Format 17 x 24 cm,
ISBN 978-3-89870-585-1,
Euro 12,80
2. Auflage

Bertram Meier
**Absichtslos Laternen
anzünden**
Impulse zu Berufungs-
pastoral, Orden, Mission
und Ökumene

44 Seiten,
Format 13,6 x 19 cm,
ISBN 978-3-89870-871-5,
Euro 4,00